语文学大师的
课堂作文课

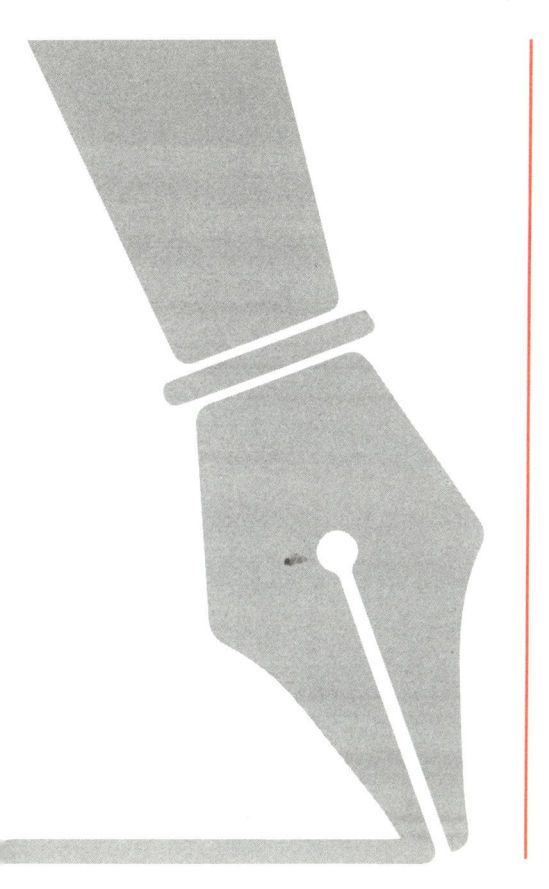

高诗佳 著

北京时代华文书局

本书架构

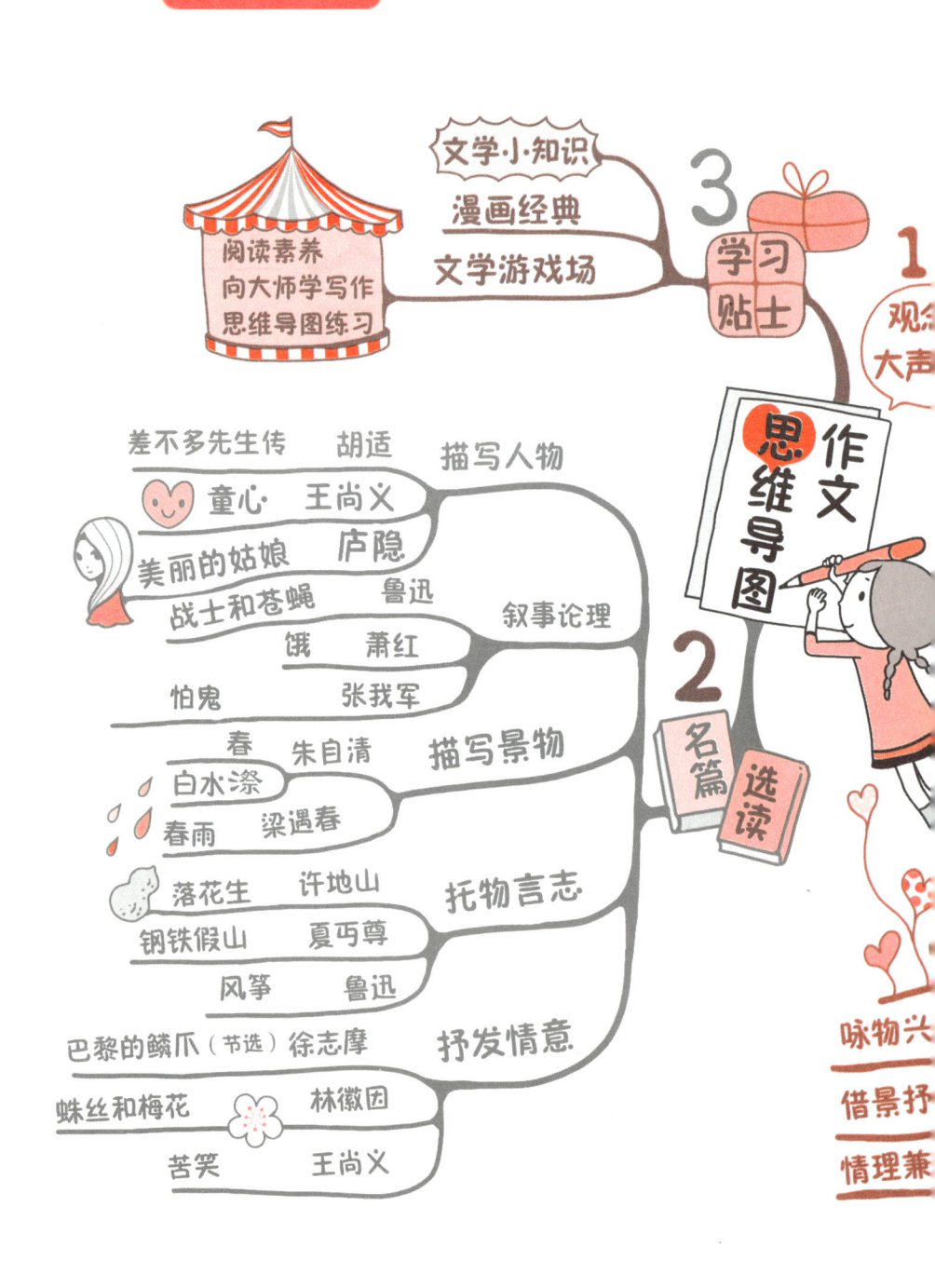

阅读素养
向大师学写作
思维导图练习

- 文学·小知识
- 漫画经典
- 文学游戏场

3 学习贴士

作文思维导图

1 观⃝ 大声

2 名篇选读

- 描写人物
  - 差不多先生传　胡适
  - 童心·　王尚义
  - 美丽的姑娘　庐隐
- 叙事论理
  - 战士和苍蝇　鲁迅
  - 饿　萧红
  - 怕鬼　张我军
- 描写景物
  - 春　朱自清
  - 白水漈
  - 春雨　梁遇春
- 托物言志
  - 落花生　许地山
  - 钢铁假山　夏丏尊
  - 风筝　鲁迅
- 抒发情意
  - 巴黎的鳞爪（节选）徐志摩
  - 蛛丝和梅花　林徽因
  - 苦笑　王尚义

咏物兴
借景抒
情理兼

思维导图

- **形象塑造**
  - 外表
  - 语言
  - 行动
  - 环境
  - 性格
  - 思想

- **思考力**
  - 夹叙夹议
  - 演绎归纳
  - 前因后果
  - 对等并重
  - 对立相反

- **大自然**
  - 主次分明
  - 由物到景
  - 涂抹色彩
  - 注入感情
  - 景景相连
  - 动静交织
  - 情景交融

- **人间万物**
  - 找出特征
  - 把握关联
  - 运用修辞
  - 由外而内
  - 物与人、事

- **想象力**
  - 因人生情
  - 叙事传情
  - 感时诉情

阅读小贴士

1. 仔细阅读"经典原文"和"解读思维导图",对照"思维导图"里的关键词,就能掌握阅读的重点。

2. 思维导图中的每个"主干"(1、2、3、4……),都是文章结构的分类,主干分出来后,再细分出"分支""小分支"等。

3. 最后,在"思维导图练习"上练习绘图,就能掌握绘制思维导图的方法了。

作者序

漫步在经典文学的花园

记得小学四年级时，在一个无聊的午后，我爬上父亲的书架，四处寻找可以打发时间的书。忽然，有个奇特的书名引起了我的注意——《骆驼祥子》。作者的名字也很怪，叫"老舍"。作者简介中说他"生于1899年2月3日，深受五四运动的影响……"啥？那么老！更令人好奇。于是，我一头埋进"祥子"的人生，阅读小说中精彩的文字，陪着他受苦，也陪着他欢乐。

从此以后，我深深地爱上了"这个年代"的"老作家"，觉得"姜还是老的辣"。很长一段时间里，我都专找这类经典文学作品来读，小小年纪，写作能力竟迅速提升了。我知道，每部经典都能喂养我们贫瘠的心，与老舍年代接近的徐志摩、朱自清、鲁迅、夏丏尊、张我军、王尚义……这些文人虽已远去，他们留下的不朽作品却在我心里生根、发芽，启发我的思想，安顿我的心灵，引领我认识世界。我迫不及待地要将这些经典文学作品介绍给学子们。

自2009年6月起，我开始进行有关写作的培训与演讲，一场接一场，足迹遍及小学、初中、高中、大学乃至补习班，短短一年余，累积了五十多场，之后更有上百场的演讲、授课。当我有机会面对许多老师、家长与学生时，最常被问到的问题就是"我们的学生该读些什么"，或是"怎样才能从阅读中学习写作"。

其实，以我十余年的教学经验来看，阅读并不只是把文章"看完"而已，必须同步进行"思考"，还要读得有效率，这样才能读出"效果"。阅读的文章更需要谨慎挑选。所以，我决定为学子们挑选几篇好文章，时常回顾这些优秀作品，我们必然能收获满满。

继《图解：我的第一本作文书》后，本书精选了更多篇大师的不朽文章，这些文章有的传达对美好世界的向往，有的表现对人生和自我的省思，还有的抒发对生活的感悟。这些文章蕴含浓浓的情意，让我们通过文字，仿佛见到鲁迅双目炯炯有神，以热情的声调鼓励我们创新思想；见到徐志摩热爱生命、向往大自然和对山林的沉醉；见到王尚义对孩子的童心充满怜爱与疼惜，以及张我军对生死的领悟。

透过文字，我们将和大师们一起进行一场心灵之旅，跟随大师们的脚步，漫步在经典文学的花园里，在每一次的阅读中，我们将会得到不同的成长与启发。

作者序

本书以浅显易懂的文字，精妙地解析文章，每篇文章都有思维导图（Mind Map）和解读指引读者，帮助读者掌握重点，用"联想"法来记忆文章的内容、结构、思想、意义，并有"思维导图练习"的设计，以锻炼图像思考力，强化整体构思文章的能力。文章搭配插画家绘制的精美图画，让经典文学作品添上彩翼，飞进我们的绮丽童年，也飞进学子们的想象世界。阅读这本书，我们将与大师们一同在文学中体验人生，向大师们学习写作。

高诗佳老师于台北市立图书馆对"林老师说故事团"演讲

目录
CONTENTS

PART 1　形象塑造好好玩：描写人物

观念大声说……2
- 什么是描写？……2
- 怎样描写人物？……3

名篇选读……7
1. 差不多先生传 / 胡适……7
2. 童心 / 王尚义……21
3. 美丽的姑娘 / 庐隐……35

PART 2　思考力好好玩：叙事论理

观念大声说……48
- 什么是叙事、论理？……48
- 议论有几种方法？……48

名篇选读……54
1. 战士和苍蝇 / 鲁迅……54
2. 饿 / 萧红……65
3. 怕鬼 / 张我军……83

PART 3　大自然好好玩：描写景物

观念大声说……96
▶ 什么是写景文？……96
▶ 描写景物有哪些方法？……96

名篇选读……101

1. 春 /朱自清……101
2. 白水漈 /朱自清……113
3. 春雨 /梁遇春……122

PART 4　人间万物好好玩：托物言志

观念大声说……140
▶ 什么是"状物"？……140
▶ 该怎么"状物"呢？……140

名篇选读……145

1. 落花生 /许地山……145
2. 钢铁假山 /夏丏尊……157
3. 风筝 /鲁迅……171

PART 5　想象力好好玩：抒发情意

观念大声说……186
- 为什么需要抒情？……186
- 该怎么描写情意？……187

名篇选读……192

1. 巴黎的鳞爪（节选）/ 徐志摩……192
2. 蛛丝和梅花 / 林徽因……204
3. 苦笑 / 王尚义……222

"阅读素养"参考答案……235

PART 1
形象塑造好好玩
描写人物

观念大声说

▶ 什么是描写？

描写，是在写作时把人物、事件、环境和特征刻画出来的一种方式，就像画家画素描一样，描写也很重视描摹的功夫，只不过在书写时，是运用文字来反映事物的特征，引人产生画面、色彩和声音的印象，从而引发读者的想象。

描写和侦探办案一样，都很重视真实。我们学会了描写的方法，就能让笔下的人、事、物都有鲜明的形象，使它们在纸上也能够"如闻其声""如见其人"。比如，在形容美女时说："她每天只睡几个小时，皮肤依然如丝缎般光滑润泽，如牛奶般白皙动人。"这就概括地点出了特征。当然，除了概括的白描方式，你还可以更细腻一些，以下是白描和细描的比较：

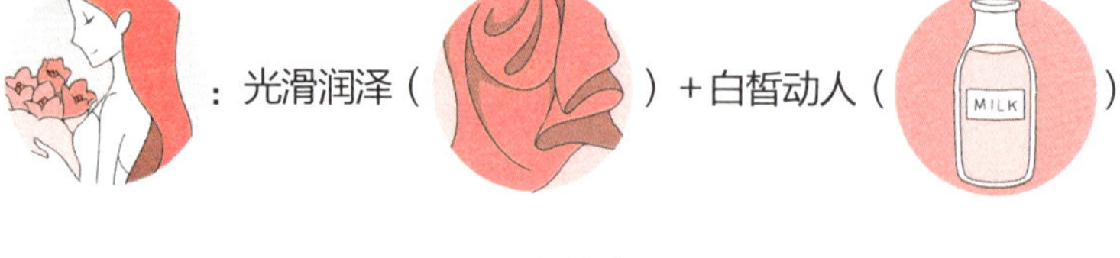

：光滑润泽（　　　）+ 白皙动人（　　　）

白描法

（　　）：光滑润泽（　　）+白皙动人（　　）+如瀑布般的长发（　　）+眼睛亮如星光（　　）+眉毛像弯弯的新月（　　）……

细描法

▶怎样描写人物？

我们应该挑选有特色的对象来描写，这样文章才会有趣。

透过对人物的样貌、身世或事迹的描述，可以突出人物的形象。但是写人不能只写外貌，要进一步从人物的行为、环境、性格、心理和语言等各方面来描写，比如想要认识一个人，最好对他有各方面的了解。

人物描写可以分为外在描写和内在描写。外在描写包括人物的外表、行为、环境和语言等，内在描写则包括人物的性格与思想等。描写一定要面面俱到，尽量做到内外兼顾。想一想：如果要描写一个小男孩，我们该怎么描写他呢？

1. 外表印象

外表是我们给别人的第一印象，要想把人物描写好，就得先观察人物的特征，如长相、身材、服装、表情等，都要具体刻画，这样才能把人物描绘得栩栩如生。

小男孩的穿着打扮

2. 聆听对话

"听其言，观其行"，要想让读者认识你笔下的人物，就要让读者有机会听他"说话"。对话可以反映人物的内心，但是人物的"发言"必须符合他的年龄、职业、身份。

小男孩与小女孩对话

3.观察行为

行为是人物思想的具体表现,也就是"肢体语言"。我们描述出人物的种种行为,比如握手、翻白眼、手叉腰等,读者就会更容易了解人物,还能咀嚼出蕴藏在背后的意义。

小男孩与小狗友善地互动

4.搭配环境

人物周围的环境,有成长的环境、居住的环境、工作的环境等。对这些环境的描绘,能帮助我们判断人物的性格。对环境有了基本的了解后,我们可以将它与人物的性格搭配在一起写。

小男孩和家人

5.反映性格

用形容词写出人物的性格特质或情绪状况,人物的形象就会十分鲜明。直观的形容词如"豪放爽朗""温文儒雅"等,需要想象的形容词如"皮笑肉不笑""幽默风趣"等,都能让人物形象在纸上"活"起来。

小男孩的情绪

6.表达思想

思想指的是人物的想法。如果写出了人物对自己的生活和人生、接触的事物的看法,就能展现出他的思想,这也是呈现人物内心世界的一种方式。

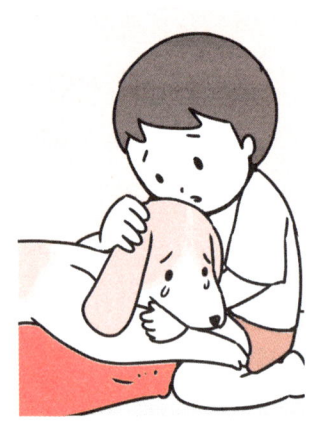

小男孩在想什么呢?

名篇选读

1. 差不多先生传 / 胡适

▶ **经典原文**

你知道中国最有名的人是谁？

提起此人，人人皆晓，处处闻名。他姓差，名不多，是各省各县各村人氏。你一定见过他，一定听过别人谈起他。差不多先生的名字天天挂在大家的口头①，因为他是中国全国人的代表。

差不多先生的相貌和你和我都差不多。他有一双眼睛，但看得不很清楚；有两只耳朵，但听得不很分明；有鼻子和嘴，但他对于气味和口味都不很讲究②。他的脑子也不小，但他的记性却不很精明，他的思想也不很细密。

他常常说："凡事只要差不多，就好了。何必太精明呢？"

---

① 口头：指经常被人们提及。
② 讲究：追求事物的精美。

他小的时候，他妈叫他去买红糖，他买了白糖回来。他妈骂他，他摇摇头说："红糖白糖不是差不多吗？"

他在学堂①的时候，先生问他："直隶省②的西边是哪一省？"他说是陕西。先生说："错了。是山西，不是陕西。"他说："陕西同山西③，不是差不多吗？"

后来他在一个钱铺④里做伙计⑤；他也会写，也会算，只是总不会精细。十字常常写成千字，千字常常写成十字。掌柜⑥的生气了，常常骂他。他只是笑嘻嘻地赔小心⑦道："千字比十字只多一小撇，不是差不多吗？"

有一天，他为了一件要紧的事，要搭火车到上

---

① 学堂：古代学生读书就学的场所，指学校。
② 直隶省：旧省名，1928年已改名为河北省。
③ 陕西、山西：陕西，省名，因在陕塬（今河南三门峡市陕州区一带）之西而得名。陕，音shǎn。山西，省名，西邻陕西，以黄河为界。南接河南，北连内蒙古。"山、陕"常因为音近而被混淆。
④ 钱铺：兑换钱币的商店。
⑤ 伙计：店员，受雇用的人。
⑥ 掌柜：商店、客栈中总管事务的人，犹如今之店长。
⑦ 赔小心：对人低声下气，态度恭敬谦虚，以博得他人好感或使人息怒。

海去。他从从容容①地走到火车站，迟了两分钟，火车已开走了。他白瞪着眼②，望着远远的火车上的煤烟，摇摇头道："只好明天再走了，今天走同③明天走，也还差不多。可是火车公司未免太认真了，八点三十分开，同八点三十二分开，不是差不多吗？"他一面说，一面慢慢地走回家，心里总不明白为什么火车不肯等他两分钟。

有一天，他忽然得了急病，赶快叫家人去请东街的汪医生。那家人急急忙忙地跑去，一时寻不着东街的汪大夫，却把西街牛医④王大夫请来了。差不多先生病在床上，知道寻错了人；但病急了，身上痛苦，心里焦急，等不得了，心里想道："好在王大夫同汪大夫也差不多，让他试试看罢。"于是这位牛医王大夫走近床前，用医牛的法子⑤给差不多先生治病。不上一点钟⑥，差不多先生就一命呜

---

① 从从容容：镇定沉着，不慌不忙。从，音 cóng。
② 白瞪着眼：睁大眼睛直看，比喻没办法。
③ 同：和、与、跟。
④ 牛医：医治牛、羊、马等牲畜的兽医。
⑤ 法子：方法。
⑥ 不上一点钟：不到一个小时。

呼①了。

差不多先生差不多要死的时候，一口气断断续续地说道："活人同死人也差……差……差不多，……凡事只要……差……差……不多……就……好了，……何……何……必……太……太认真呢？"他说完了这句格言②，方才绝气③了。

他死后，大家都很称赞差不多先生样样事情看得破，想得通；大家都说他一生不肯认真，不肯算账④，不肯计较，真是一位有德行的人。于是大家给他取个死后的法号⑤，叫他作圆通大师。

他的名誉越传越远，越久越大。无数无数的人都学他的榜样。于是人人都成了一个差不多先生。——然而中国从此就成了一个懒人国了。

---

① 一命呜呼：指生命结束。呜呼，悲哀的感叹词。
② 格言：可以作为处世法则、砥砺言行的简短词语。本文为反讽。
③ 绝气：气息断绝，指过世。
④ 算账：与人争执较量，以解决纠纷，含有报复之意。
⑤ 法号：佛教、道教的信徒受戒时，由其师父所取的名号。

▶ 认识名家

胡适（1891—1962），原名嗣穈（mén），学名洪骍（xīng），字希疆，后改名适，字适之，安徽绩溪上庄村人。现代著名学者、历史学家、文学家、哲学家。曾任北京大学校长，1957年出任台湾省"中央研究院"院长。1962年逝世，享年72岁。

胡适年轻时就接触西方的思想文化，后来进入《新青年》编辑部，撰写了许多提倡自由、民主和科学的文章，主张文学改良和白话文学，成为"新文化运动"[①]的重要人物。曾发表《文学改良刍议》[②]，主张以白话文代替文言文、写文章"不作无病之呻吟""须言之有物"等看法，为文学注入了新的思想，始终坚持独立的批判精神。著有《胡适文存》《中国哲学史大纲》《白话文学史》《胡适文选》《四十自述》《胡适日记》等。

▶ 题解

本文出自《胡适选集》，是一篇虚构的传记式寓言。文章用主角"差不多先生"一生中的几件事情，来展现他的个性。作者借着虚构的人物，讽刺社会上某些处世敷衍、苟且的人，并且劝勉大众应该改变这个习性，这样国家才有希望。胡适受西方科学的浸润颇深，从文章可看出他具有实事求是的精神。

---

① 新文化运动：是20世纪初由陈独秀、李大钊、鲁迅、胡适等发起的反对封建主义的思想解放运动，提倡民主和科学。
② 《文学改良刍议》：1917年发表，由胡适所作，文章提倡用白话文写作。

▶ 思维导图

思维导图

- **神秘感**
  - 外貌/身材
  - 各省各县各村人氏
  - 中国人代表
- **①背景**
- **②相貌**
  - 眼睛（看不见）
  - 耳朵（听不见）
  - 鼻嘴
  - 脑子（记性不好／思想不细密／形象模糊）
  - 不讲究
- **③生前事迹**
  - 水牛
  - 王木木当汪木水
  - 牛医当人医
  - 生病
  - 迟到
  - 小时
  - 学堂
  - 陕西当山西
  - 十字写千字
  - 钱锅
  - 要红糖／买白糖
  - 凡事差不多
  - 不必太认真
  - 遗言
- **④死后事迹**
  - 中国了算的人
  - 圆通大师
  - 名誉越传越大
  - 有德行
  - 不肯算账
- **反讽**
- **事例**

12

▶ **解读思维导图：差不多先生**

《差不多先生传》是一篇虚构的人物传记，文章按照时间顺序，将差不多先生一生的遭遇叙述出来。一开始，先介绍差不多先生的外貌及处世态度，然后从他的儿时、学生时期、进入社会工作、生病、死亡几个阶段中，选择有代表性的几件事情，描述成文，构成了一篇趣味盎然、寓意深远的文章。

第一、二段，开头就用"自问自答"的设问法，提出"你知道中国最有名的人是谁？"这个问题，引起读者的好奇，然后说"提起此人，人人皆晓，处处闻名"。随后正式介绍差不多先生的名字。这样的写法，加强了主角的神秘感。这个名字十分与众不同，而且是全文的核心，所以作者先大略解释一下名字的由来，说差不多先生是"各省各县各村人氏"，为后文"他是中国全国人的代表"埋下伏笔。

第三、四段，作者告诉了我们差不多先生是个怎样的人。第三段，采用了"由外而内"的写法，从差不多先生的相貌开始讲，这一整段为他塑造了模糊的形象。第四段，逐步说到差不多先生的内在想法，通过他的口头禅"凡事只要差不多，就好了。何必太精明呢？"引出下文的事例，具有承上启下的作用，而"差不多"的人格特质也跟着由浅入深地被揭露出来了。

第五段到第九段是文章的焦点，这几段描写了差不多先生一生中的几件事。因为他一直抱持"差不多"的处世态度，所以成年后发生的事便严重起来，造成的后果与影响也逐步严重。作者先以差不多先生<u>生前的事迹</u>举例：小时候，他买错了糖，觉得红糖和白糖差不多，不需要反省；读书时，将陕西当成山西，说错了也没关系，能蒙混过关就好；进入社会工作后，仍然不改"差不多"的态度，记账时把千字写成十字，造成钱铺的损失，还是不改正，反正"千"与"十"只差一小撇。

这些小事后来演变成更严重的事情，差不多先生甚至因此丧命。在第九段，差不多先生得了重病，但是家人"一时寻不着东街的汪大夫，却把西街牛医王大夫请来了"。让兽医为人治病，这段情节使读者感到惊叹，原来差不多先生全家人都是类似的个性，这正呼应首段点出的差不多先生"是中国全国人的代表"。<u>前后呼应法</u>的运用，使文章能够紧紧地扣住主题，也为差不多先生的死埋下了伏笔。

<u>第十段到第十二段</u>，作者集中运用<u>反讽法</u>，叙述差不多先生的<u>死亡与死后事迹</u>。俗话说："人之将死，其言也善。"遗言通常可以流露出一个人的真情，但差不多先生的遗言竟是"凡事只要差不多就好了，何必太认真呢？"对自己被误诊，也是"差不多""无所谓"的态度，可见"差不多"的思想已经根深蒂固、无可救药了。于是在文章最后，作者讽刺差不多先生"有德行"，"无数无数的人都学他的榜样"，但是直言"然

而中国从此就成了一个懒人国了"。文章以小观大，以讽喻作结，首尾呼应，在结尾将主旨完全揭示出来。

　　本文是胡适针对中国人的处世态度所做的最深刻的讽刺，传达了他忧国忧民的思想。写作技巧高妙，作者不做评论，而是借着几个事件让故事自己说话，给读者自主思考的机会。本文结构可分为四个层次：介绍背景、描绘形象、叙述生前与死后事迹。本文由浅入深、层层深入，正如文学家老舍所说的"不用任何形容，只是清清楚楚写下来的文章，而且写得好，就是最大的本事，真正的功夫"。

学习贴士

▶ 文学小知识

1. **设问**：为了引起读者的注意，作者<u>自问自答</u>。如："你知道中国最有名的人是谁？"（提问）

2. **对偶**：将字数相等、词性相同、句法相同的句子，对称地排列在一起。如："人人皆晓，处处闻名。"

3. **排比**：排列三组或以上相近的句型，以表达同范围、同性质的情思或意念。如："他有一双眼睛，但看得不很清楚；有两只耳朵，但听得不很分明；有鼻子和嘴，但他对于气味和口味都不很讲究。他的脑子也不小，但他的记性却不很精明，他的思想也不很细密。"

4. **复叠**：将同一个字、词重叠使用。如："从从容容""急急忙忙""断断续续"（叠字）等。

5. **反语**：就是<u>说反话、反讽</u>，表面上赞美，实际上含有嘲弄、讽刺的意味。如："大家都很称赞差不多先生样样事情看得破，想得通""真是一位有德行的人""叫他作圆通大师""无数无数的人都学他的榜样"等。

▶ **漫画经典**

你怎么买了白糖回来?

红糖、白糖不是差不多吗?

他小的时候,妈妈叫他去买红糖,但他买了白糖回来。

钱　铺

你怎么又写错了!

千字跟十字只差一撇,不是差不多吗?

他也会写,也会算,只是总不仔细。

8:30开同8:32开,不是差不多吗?

他不明白为什么火车不肯多等他两分钟。

活人……同死人也差不多,何必太……认真?

牛医王大夫用医牛的法子,医死了差不多先生。

▶ **文学游戏场**

一、阅读素养

（　）1.《差不多先生传》一文的写作脉络是什么？
　　　（A）人物背景—塑造形象—叙述事迹—死后影响
　　　（B）塑造形象—人物背景—叙述事迹—死后影响
　　　（C）叙述事迹—塑造形象—人物背景—死后影响
　　　（D）死后影响—人物背景—塑造形象—叙述事迹

（　）2.差不多先生最主要的死因是什么？
　　　（A）找没有执照的庸医为他治疗。
　　　（B）他固执不肯就医。
　　　（C）他病入膏肓，无药可救。
　　　（D）他找错医生，还不以为意。

二、向大师学写作

作文题目：

从胡适撰写的《差不多先生传》中，我们了解到为人处世倘若态度马虎，可能会造成不好的后果。想一想：如果所有人都抱着"差不多"和"马虎"的生活态度，这世界会变成什么样子？假设"差不多先生"遇到了一个"马虎小姐"，他们之间会有怎样的互动，会产生怎样的结果？请发挥想象力，以"当差不多先生遇上马虎小姐"为题，写一篇有事例、有讽刺意义的文章。

作文提示：

审题：作文要围绕着"差不多"和"马虎"的生活态度来发挥，并且假设抱持这样的态度，会在待人处世上遇到什么问题。开头：使用写人法，从"马虎小姐"的名字、相貌、穿着打扮写起，每个细节都要紧扣住"马虎"的主题，为"马虎小姐"塑造出"人如其名"的形象。经过：用列举法来叙述"差不多先生"遇到"马虎小姐"后，所发生的几件事情，每件事都要与"无所谓""没有原则"的生活态度有关。要思考的是这两个生活态度相像的人在一起时，会带给对方哪些更糟糕的影响。结尾：运用反讽法，表面上赞美"马虎小姐"随和、听话，实际上是讽刺她的生活态度，而"马虎小姐"与"差不多先生"在一起发生的事情，也让读者领悟到物以类聚、近墨者黑可能造成的负面影响。

三、思维导图练习

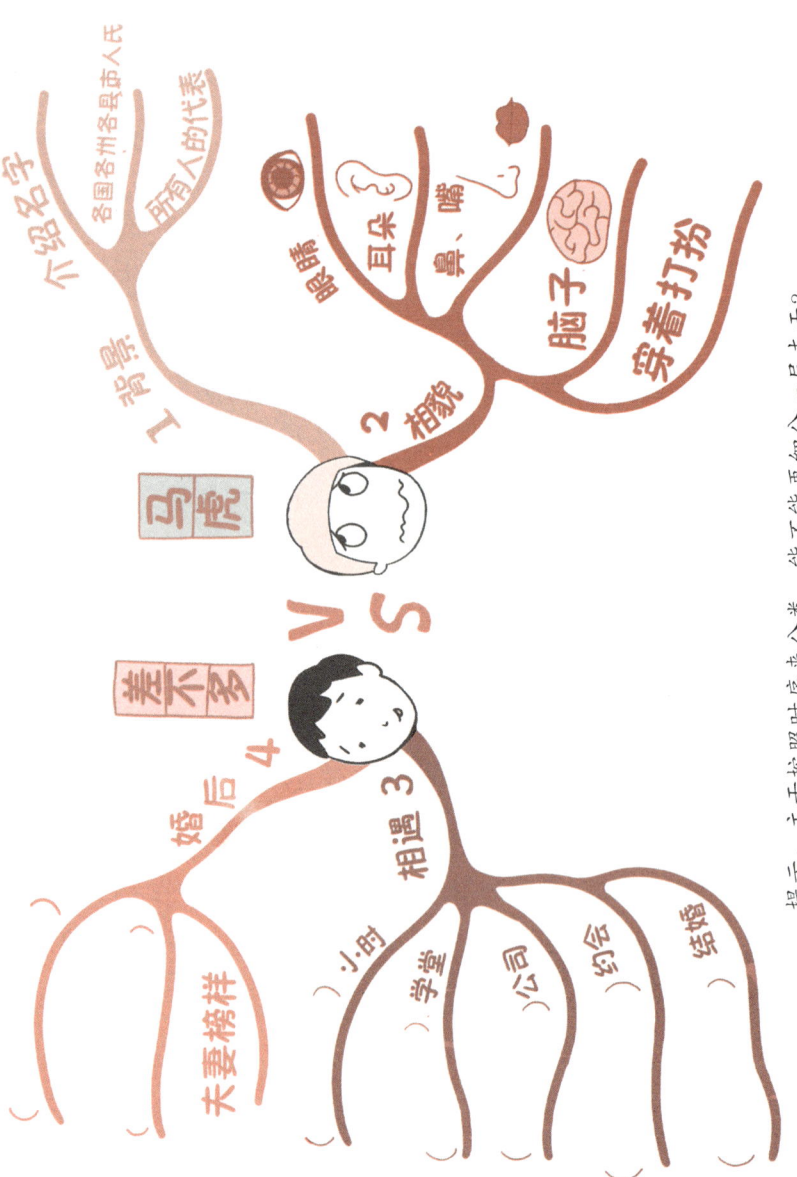

马虎 VS 差不多

1 背景
- 介绍名字
  - 各国各州各县市人氏
  - 所有人的代表

2 相貌
- 眼睛
- 耳朵
- 鼻、嘴
- 脑子
- 穿着打扮

3 相遇
- 小时
- 学堂
- 公司
- 约会
- 结婚

4 婚后
- 夫妻模样

提示：主干按照时序来分类，能不能再细分一层支干？

名篇选读
2. 童心 / 王尚义

▶ 经典原文

不知从什么时候起,弟弟的脾气开始变得暴躁、易怒,常常有反抗的情绪,稍微说他一句,他便会怄半天的气①,尤其是吃饭的时候,一个人鼓着嘴②,坐在藤椅上,眼眶里滚滚地含着泪水。

妈忧虑地说:"这孩子,这么小就会生气,不好。"

爸接着宽解说:"照儿童心理学上讲,五六岁正是反抗的年纪。"

妹妹从来不饶③弟弟的,她指着弟弟说:"最坏了,以后谁也不跟你玩。"

我呢,我从来没注意过弟弟。可是弟弟的脾气

---
① 怄气:赌气,闹别扭。怄,音 òu。
② 鼓着嘴:使性子时,将嘴向前噘起。
③ 不饶:指严格,不宽恕。

突然变得温和的时候,我倒有些注意了。我们家那只混血的母狗——来茜①,生了四只小狗娃,弟弟前前后后地跑着叫着,向每个人报告喜讯,他的圆脸蛋上挂满了稚蔼②的笑容。

"这孩子简直着了迷,"妈吃饭时说,"白天不肯离开狗窝一步,看得还不够,晚上偷偷爬起来说上厕所(弟弟本来是很胆小的),冻得冰冷回来了,我一闻到他身上的腥气,就知道他又去和小狗玩了。"

小狗渐渐长大,弟弟的精神也愈来愈活泼,他喂它们吃稀饭,给它们讲故事,抱着它们到处玩。

但我们却开始讨厌小狗了。妈的新被单被小狗印了一条泥印,妹妹的玻璃丝袜被咬了一个洞,爸的一只皮鞋被拖在臭水沟里,而我新洗的西裤有一次被小狗弄脏的时候,我恨不得将它们一个个都踢死。

"家里要这么多狗做什么?赶快送出去。"妹

---

① 茜:音 qiàn。
② 稚蔼:稚气,和蔼。蔼,音 ǎi。

妹最先提议，我附议。妈接着赞成说："一只大的已经够喂的了。"

弟弟听说我们要把小狗全部送给别人，他哭得不肯吃饭。

全家都来劝他了。

"小狗在我们家会饿死的，没有人喂它们。"妈温和地对弟弟说。

"我喂，我会喂！"弟弟哭着说。

"小狗到处跑，脏死了，弄脏了衣服谁去洗？"妹妹说。

"我们家有一只大狗就够了，要那么多干什么？"爸笑着说。

"而且，来茜还会生的呀，再过三个月又生小狗了。"妈又补充说。

"那都没有人和我玩！"弟弟抱屈①说。

"你已经五岁多，再过几天就要上小学了，哪能一天到晚玩？"

---

① 抱屈：受委屈而感到不平。

"我可以带着小狗上学。"

"带小狗，老师会骂的。"

"你不是很早就要一支电枪①吗？买一支电枪给你好不好？"爸聪明地说。

弟弟没话说了，他沉默地坐在藤椅上，眼眶里滚滚地含着泪水。

电枪没有给弟弟带来快乐。自从小狗送走以后，弟弟像害了相思病②，无时不想念他的小狗，他常常独自在狗窝边徘徊③，晚上做梦醒来，叫着要他的小狗。

有一天，妈坐在缝纫机④边织毛衣，我躺在藤椅上看报，妈偶尔和我谈起在大陆的哥哥，她的神情有些难过。弟弟在地板上滚来滚去地和来茜逗着玩，累了，仰卧在地板上，来茜伏在他的胸前。

"妈，你上次说来茜要再生小狗，是什么时候？"这句话，他不知问过多少次了。

---

① 电枪：一种玩具枪。
② 相思病：因思念过度，导致情绪不稳而生病憔悴的情状。
③ 徘徊：来回走动、流连的样子。
④ 缝纫机：用以剪裁、缝合、补缀衣服的机器。

"再过三个月。"

"三个月是多少天?"

"一百天。"

"现在过了几天了?"

"你自己算吧!"

弟弟点着小手算了半天,然后抚摸着来茜的耳朵说:"每天喂你好东西吃,你要快生呀!"来茜好像懂得他的话似的,不住地用舌头舔①着弟弟的鼻尖。

"可怜的来茜,你的孩子在哪里?你想它们吗?"来茜的头垂得更低了,眼睛忧怨地望着弟弟。

"妈,来茜在想它的孩子,你看它在流眼泪。"弟弟把来茜拖到妈身边,扯着妈的手要她看。

妈轻轻放下了毛线,看着弟弟好一会儿,把他抱在怀里,她想要说什么,可是她的眼圈红了,悄悄把头转了过去……

---

① 舔:音 shì,用舌头舔东西。

▶认识名家

王尚义(1936—1963),河南汜(sì)水人。毕业于台湾大学医学系,毕业后不久就因为肝癌而住进台大医院,英年早逝。虽然生命如此短暂,但是他的赤子情怀与才气,却通过创作的小说、散文、论述、新诗等作品体现了出来,保留了生命的光与热。

在时代巨大的变动中,年轻的王尚义期待改变世界。妹妹王尚勤描述他:"尚义显然不只属于台湾,他的眼睛是往大陆、往第三世界、往整个人类看的。"此话道出王尚义具有深邃的思想与学养,是格局宽阔的青年人。他的文字乍看之下让人觉得轻描淡写,品读后却发觉情感极为深刻。他逝世后,留下了数十万字的作品,亲友通过水牛出版社为他出版作品集。他的作品有《狂流》《深谷足音》《落霞与孤鹜》《荒野流泉》《从异乡人到失落的一代》《野鸽子的黄昏》《野百合花》等。

▶题解

本文出自《深谷足音》,叙述作者家中的母狗生了小狗,叛逆的弟弟因此变得温和、有爱心,但小狗大了以后,家人却嫌弃小狗,将它们送走了,弟弟从此日夜盼望母狗再生小狗。在弟弟的想象中,母狗因为失去孩子而伤心,这无意间对应到母亲的心情,母亲也想起了留在大陆的儿子。文章的情感层层深入,余韵细腻动人。

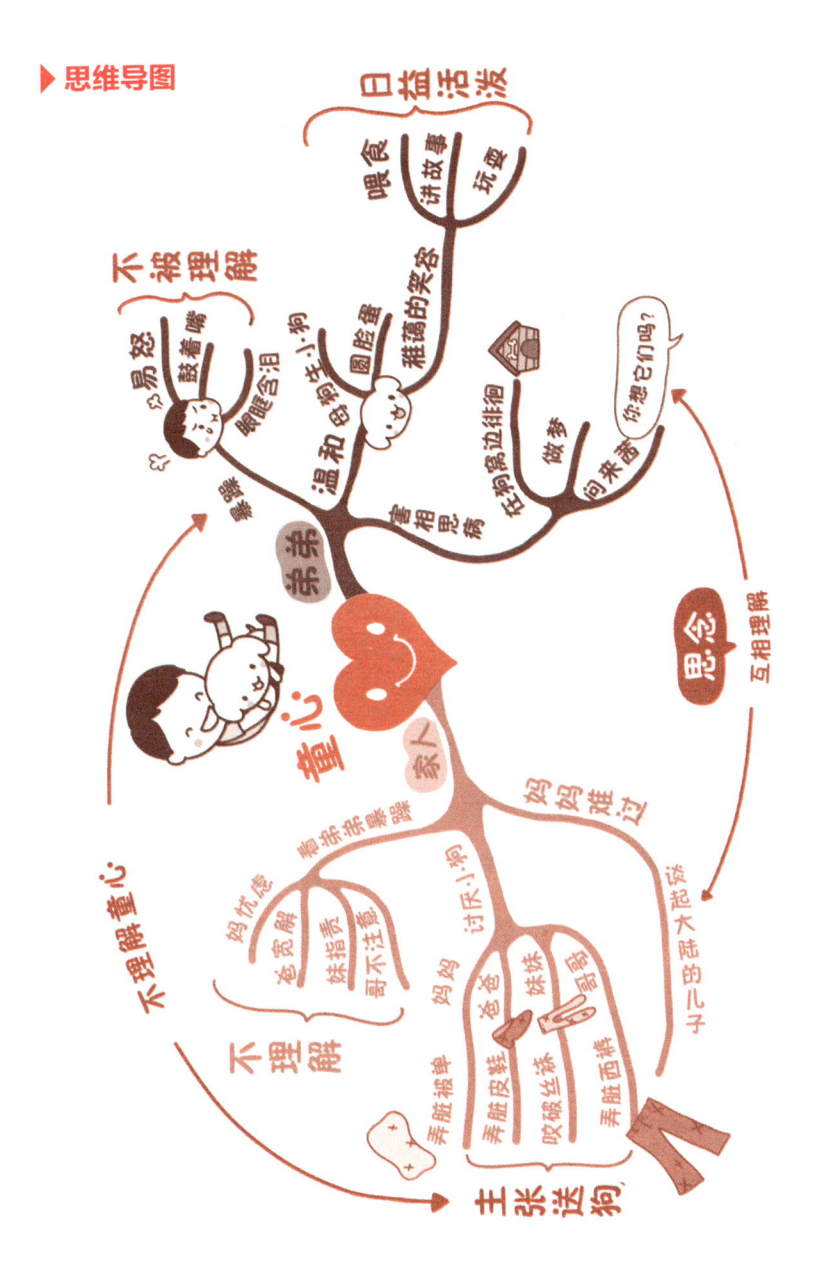

▶ **思维导图**

▶ 解读思维导图：童心

童年时的我们多么天真，总是很容易就敏感起来。有时候，我们会因为家人的一句安慰而开心，或因为无心的一句话而沮丧。童年时的脆弱，也使我们容易受到外来的打击，心灵蒙上阴影。本文通过叙述作者的弟弟失去小狗的经过，反映出弟弟孤独、叛逆、脆弱、依恋与真诚的童心。

光看故事的前四分之三，我们会以为这是一篇专谈弟弟的文章，文章看起来像是写弟弟失去小狗的失落心情，但直到结尾部分我们才知道，作者想要表达的，其实是母亲失去儿子的悲伤之情。故事一开始，交代弟弟的脾气暴躁、易怒，然而家人始终无法理解他，不能温柔、理性地安慰弟弟及和他沟通，反而用指责和排斥的态度对待他。作者更说自己"从来没注意过弟弟"，可见弟弟在家中受到一定程度的忽略。家人不理解弟弟，他过得很孤独，这种情况直到家中的母狗来茜生了四只小狗后，终于有了改变。

文章的发展，有两个重要的转折：一是来茜生了四只小狗后，二是小狗被家人送走后。弟弟本来是脾气暴躁、易怒的孩子，但是来茜生了几只小狗后，他的性情突然有了很大的转变，变得温和且脸上充满笑容。很显然，新生命到来的喜悦让弟弟感受到了不一样的温暖，他把所有关注的目光通通放在了小狗身上。于是，不管是白天，还是冰冷的夜晚，他总是想尽办法陪伴在小狗身边，给它们温暖，同时也从它们身上获得温暖。全家人都注意到了弟弟的变化，却没有用心去寻找原因，他们不知道这都来自弟弟与小狗间情感的交流。

孤单的弟弟，有一颗不被理解的心，这颗心在他与小狗的互动中得到了疗愈。故事发展到中段后，有了另一个转折：小狗一天天长大，开始调皮捣蛋了，它们弄脏被单、皮鞋、西裤，还把妹妹的丝袜咬破了，所有人都觉得自己的利益受损了，于是纷纷主张把小狗送走。弟弟虽然有千百个不愿意，最后仍不敌众意，只好让小狗被送走。从此以后，好不容易得到温暖的童心，再度陷入失落，弟弟不仅时常在狗窝附近徘徊，还期盼母狗能再生下新的小狗，好和他做新朋友。作者将弟弟的痴心、孤寂、痛苦，描摹得入木三分，令人动容。

有一天，妈妈无意间和作者谈起在大陆的儿子，妈妈的"神情有些难过"。心爱的儿子丢失了，这应该是母亲内心永远的痛吧！这时，文章插入了一段弟弟的童言童语。弟弟对来茜说："你的孩子在哪里？你想它们吗？"又对母亲说："妈，来茜在想它的孩子，你看它在流眼泪。"弟弟无心的言语，却是再真实不过的情感流露，于是妈妈将他抱在怀里，眼圈红了，因为妈妈也想念着大陆的儿子，不知他有没有回家的一天。

原本家人与弟弟之间互不理解，到了结尾，忽然借着"思念"，有了情感的共鸣。弟弟对小狗的思念和母亲对儿子的思念，联结起了彼此的心，童心的真诚，也感动了每一位读者。这样一篇精巧的文章，通过孩子的童言童语，表面上写人、狗之间的情感，实际上要表达的却是母亲失去儿子的悲伤。狗与人同为大自然的一分子，狗的生命遭遇似乎也影射着主人的生命遭遇。王尚义运用高妙的婉曲写法，为我们呈现了最珍贵的"童心"。

学习贴士

▶文学小知识

1.夸张：用夸张的笔法将事物的特点描写出来。如："眼眶里滚滚地含着泪水"。

2.排比。如："他喂它们吃稀饭，给它们讲故事，抱着它们到处玩""妈的新被单被小狗印了一条泥印，妹妹的玻璃丝袜被咬了一个洞，爸的一只皮鞋被拖在臭水沟里，而我新洗的西裤有一次被小狗弄脏"（排比+对比）。

3.比喻：用具体的事物来形容另一抽象的事物，喻词有"像""好像""似"等。如："弟弟像害了相思病，无时不想念他的小狗""来茜好像懂得他的话似的，不住地用舌头舐着弟弟的鼻尖"等。

4.拟人：用人的特性形容"不是人"的物，比如日、月、山、水、动植物等，使物具有人的个性。如："来茜的头垂得更低了，眼睛忧怨地望着弟弟""来茜在想它的孩子，你看它在流眼泪"等。

▶ **漫画经典**

不知从什么时候起,弟弟的脾气开始变得暴躁、易怒。

后来家中的母狗生了四只小狗娃,弟弟变得温和而活泼。

但是小狗们会破坏东西,全家人决定将它们送走。

弟弟无时不想念他的小狗,妈妈也想起了在大陆的儿子。

▶ **文学游戏场**

一、阅读素养

（　　）1. 作者的家人想将小狗送人，是出于怎样的想法？

　　（A）弟弟因为叛逆、难教养，家人送养小狗作为惩罚。

　　（B）家人不了解小狗对弟弟的重要性，轻率地送养。

　　（C）小狗破坏家中物品，造成脏乱，成为家人的负担。

　　（D）家中太拥挤，只好将小狗送人。

（　　）2. 文末，母亲抱着弟弟，"眼圈红了，悄悄把头转了过去"，意思为何？

　　（A）母亲心疼母狗失去小狗，感到难过。

　　（B）弟弟失去小狗后，很不快乐，使母亲非常担心。

　　（C）弟弟想象母狗会思念小狗，使母亲触景伤情，思念大陆的儿子。

　　（D）母亲见弟弟太思念小狗，因而不忍。

二、向大师学写作

作文题目：

> 在我们的生命中，总会遇到某些带给我们感动的人，他们有的给予我们照顾，有的则带给我们启示，帮助我们成长。然而，因为一些"原因"，他们离开了我们，成为让我们深深思念的人。想一想：你最思念的人是谁？你们为什么分离？过去有什么事发生，使你对他念念不忘？请以"我最思念的人"为题，写一篇记叙、抒情兼具的文章。

作文提示：

审题：作文要紧扣"思念"的主题来发挥，写作的对象不限于和你亲近的同学、师长、亲友，即使是不熟悉的人，只要他的一言一行曾与你的生命有过交集，对你产生了影响，就可以当作写作对象。**开头**：用<u>回忆法</u>，追述过去的事情或触发情感，带读者走入时光隧道，重现当时的情境。**经过**：运用<u>写人法</u>，通过他的言行塑造形象，叙述他对你产生的影响，并交代为什么分离，记得描述你遇到的困境和阻力。**结尾**：以<u>余韵法</u>，道出你对他的思念，也感谢他带来的美好回忆，留下耐人寻味的余韵。

三、思维导图练习

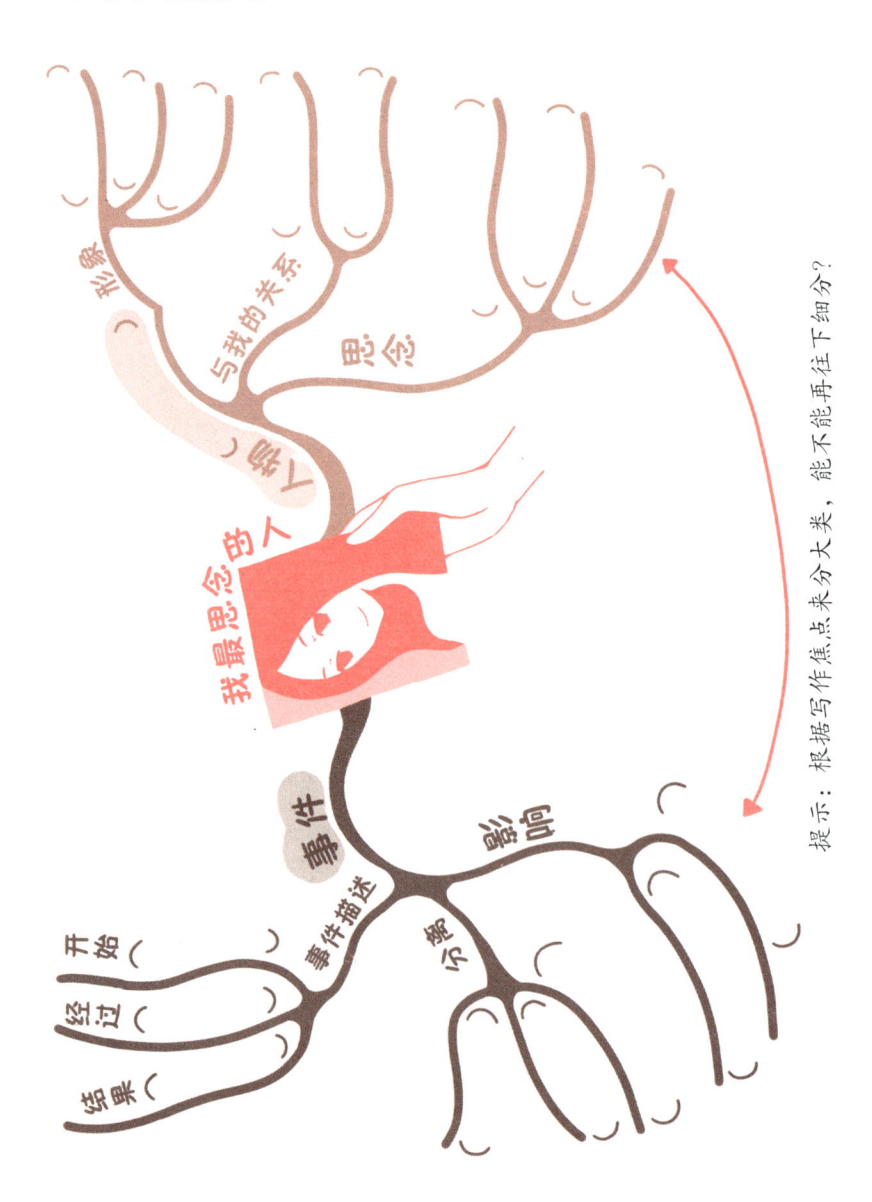

思维导图（我最思念的人）：

- 形象
- 与我的关系
- 思念

事件
- 事件描述
  - 开始（　）
  - 经过（　）
  - 结果（　）
- 影响
  - 局部

提示：根据写作焦点未分大类，能不能再往下细分？

名篇选读

3. 美丽的姑娘 / 庐隐

▶ 经典原文

他捧着女王的花冠,向人间寻觅①你——美丽的姑娘!

他如深夜被约的情郎,悄悄躲在云幔②之后,觑③视着堂前④的华烛高烧,欢宴将散。红莓似的醉颜,朗星般的双眸⑤,左右流盼⑥。但是,那些都是伤害青春的女魔,不是他所要寻觅的你——美丽的姑娘!

他如一个流浪的歌者,手拿着铜钹铁板⑦,来到三街六巷,慢慢地唱着醉人心魄的曲调,那正是他

---

① 寻觅:寻找、探求。觅,音 mì。
② 幔:音 màn,布幕、帐幕。
③ 觑:音 qù,窥伺、偷看。
④ 堂前:正房前面。
⑤ 朗星般的双眸:目若朗星,眼睛如星星一样明亮,形容人的眼睛有神。
⑥ 流盼:眼睛转动的样子。
⑦ 铜钹铁板:应为"铜琶铁板",指铜琵琶、铁绰板这两种伴奏乐器。

的诡计，他想利用这迷醉的歌声寻觅你。他从早唱到夜，惊动多少娇媚的女郎。她们如中了邪魔般，将他围困在街心，但是那些都是粉饰①青春的野蔷薇②，不是他所要寻觅的你——美丽的姑娘！

他如一个隐姓埋名的侠客，他披着白羽织成的英雄氅③，腰间挂着莫邪宝剑④；他骑着嘶风啮⑤雪的神驹⑥，在一天的黄昏里，来到这古道荒林。四壁的山色青青，曲折的流泉冲激着沙石，发出悲壮的音韵，茅屋顶上萦绕⑦着淡淡的炊烟和行云⑧。他立马于万山巅。

陡然看见你独立于群山前，——披着红色的轻衫，散着满头发光的丝发，注视着遥远的青天，噢！你象征了神秘的宇宙，你美化了人间。——美丽的姑娘！

---

① 粉饰：只是装饰用，不切实际。
② 野蔷薇：植物名，又称"野客"。在这里是"过客"的意思。
③ 氅：音 chǎng，用鸟毛编织成的大衣、外衣。
④ 莫邪宝剑：莫邪，人名，干将的妻子。根据神话传说，她为了帮助丈夫铸剑而牺牲性命。莫邪宝剑，相传吴王阖闾命令干将铸剑，雌剑被命名为"莫邪"，雄剑被命名为"干将"。
⑤ 啮：音 niè，啃、咬。
⑥ 驹：音 jū，良马、骏马。
⑦ 萦绕：缠绕、环绕。
⑧ 行云：流动的云。

他将女王的花冠扯碎了,他将腰间的宝剑,划开胸膛,他掏出赤血淋漓①的心,拜献于你的足前。只有这宝贵的礼物,可以献纳。支配宇宙的女神,我所要寻觅的你——美丽的姑娘!

那女王的花冠,它永远被丢弃于人间!

▶认识名家

庐隐(1898—1934),原名黄淑仪,又名黄英,福建闽侯人。1925年出版第一本小说集《海滨故人》,创作之路由此展开。

然而母亲、丈夫郭梦良、哥哥和好友石评梅②的先后逝世,使她的作品弥漫了哀伤的情调。之后,庐隐为亡夫写了《雷峰塔下》,以哀婉美丽的情节,描述与已故恋人在雷峰塔下的恋情,感人至深,受到茅盾③的高度评价。

1930年,庐隐与诗人李唯建结婚,婚后在日本居住,出版了两人的通信《云欧情书集》与《东京小品》。四年后,庐隐不幸在上海因难产逝世,年仅三十六岁。她的创作风格直爽坦率、哀婉缠绵兼具,与冰心、林徽因齐名,为"福州三大才

---

① 赤血淋漓:沾满鲜血的样子。
② 石评梅(1902—1928),中国近现代女作家,原名石汝璧。
③ 茅盾(1896—1981),中国现代作家及文学评论家,原名沈德鸿,字雁冰。

女"之一，在"五四"时期深受文坛瞩目。作品有《海滨故人》《曼丽》《归雁》《象牙戒指》《玫瑰的刺》《女人的心》《庐隐自传》《庐隐选集》等。

▶ 题解

本文出自《华严月刊》。借着丰富的象征、比喻，描述了一个男子寻觅意中人——美丽姑娘的过程。虽然男子的生命中出现过不少娇媚的女郎，但他始终知道自己爱的是什么，最后，更以自己的真心赢得了美人心。文章的情节宛如神话一般，唯美的语言充满着诗意，表现出作者对坚贞爱情的向往与赞颂。

▶ 解读思维导图：美丽的姑娘

庐隐毕业于北京女子高等师范学校，她的作品往往带有浓厚的中国旧小说、旧诗词的风格，她也喜欢选用古典文学中常用的<u>意象</u>来烘托、表达人物心理，例如垂柳、孤月、苦茶、棠梨、疏星淡月等。比如这篇散文《美丽的姑娘》，就运用了多种意象，开篇的第一句"女王的花冠"，代表的就是<u>俗世爱情的加冕</u>，象征对爱人的赞美与名分。

男主角是"情郎"，正是庐隐心目中的"白马王子"，他躲在"云幔"之后窥探着堂前的一切。"云幔"象征了神秘感

PART 1
形象塑造好好玩：描写人物

▶ **思维导图**

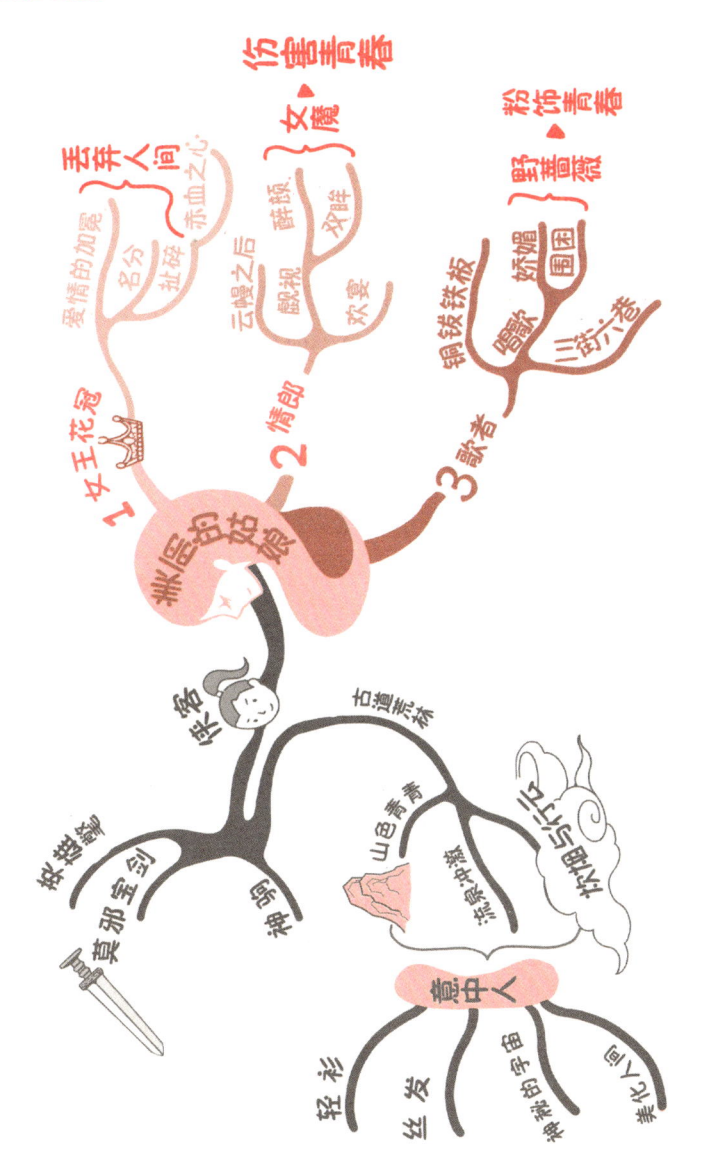

迷惑的姑娘

1 女王花冠
- 丢弃人间
  - 爱情的加冕
  - 名分扯碎
  - 赤血之心

2 情郎
- 仿害青春
  - 女魔头
    - 云幔之后
    - 醉颜
    - 鼠视
    - 次醉
    - 欢宴

3 歌者
- 粉饰青春
  - 野蔷薇
    - 铜钹铁板
    - 嗔歌
    - 娇媚
    - 围困
    - 三步六巷

侠客
- 桃挺剑
- 莫邪宝剑
- 神鸣

意中人
- 古谱荒林
  - 山色青青
  - 流泉冲激
  - 江与你邀
- 轻衫
- 丝发
- 神秘的宇宙
- 美化回丫

39

和距离，代表情郎对爱情小心翼翼的态度，以及对真爱的朦胧窥探。眼前的"华烛"，尽管照耀着堂前明眸、红嫩的少女，但是喧扰的"欢宴"只衬托出尘世的俗气，原来少女只不过是个庸脂俗粉，她是伤害青春的"女魔"，不值得他多做停留。在这种地方，当然找不到情郎心目中真正"美丽的姑娘"，因为他寻找的不仅是外表的美丽，更是 内在 的美丽；有外在的清新脱俗，也有内在的灵气逼人。

追寻爱情是如此艰难，但是情郎仍旧义无反顾地继续寻觅。他选择走出去，来到"三街六巷"，深入尘世人间，如流浪的歌者，在大街小巷唱着动人的歌，希望能用美妙的歌声吸引"美丽的姑娘"。情郎的歌声果然吸引了众多"娇媚的女郎"，她们把他围在街心，只可惜，情郎还是不屑一顾，因为他看得出来，这些姑娘最终只是"粉饰青春的野蔷薇"，她们外表动人，却没有美丽的灵魂，男人拥有她们，只能够享受短暂的虚荣，这不是真爱，所以情郎还是放弃了她们。

情郎继续寻觅爱情，既然在欢宴、在街巷找不到"美丽的姑娘"，那么就从荒林里找吧！总会有个脱俗的灵性女子等着他。这回，他像是一位侠客，威风凛凛地佩戴着宝剑，骑着神驹，披着华美的披风，来到更为荒僻的"古道荒林"，寻找他的姑娘。终于，在一片群山万壑前，他发现了穿着轻衫、清新脱俗的女子。作者将这个女子比喻为"神秘的宇宙"，她的美甚至可以"美化了人间"，是惊心动魄的，不是一般庸脂俗粉可比的。

当情郎找到"美丽的姑娘"后,他将原本打算献给意中人的"女王的花冠"扯碎了,这举措代表那些俗世的赞美与名分都是多余的,情郎不想用任何俗世的事物对意中人表达爱情。于是他"划开胸膛","掏出赤血淋漓的心",呈献给美丽的姑娘,说明了只有真挚、火热的心,才能配得上这样的爱与这样的姑娘。**真爱**在真诚的人面前,宛如一杯透明的酒,不需要任何点缀与美化,我们就能品尝到它的芬芳与甘美。

庐隐的这篇作品,用一连串的意象反映了她对"真爱"的见解,既是描写**情爱**,书写对真爱的探索,同时也是在告诉我们:追寻**真理**,最终必须放下世俗,回头观照自己的内心,这样才能够真正获得真理。

学习贴士

▶ 文学小知识

1. **比喻**。如:"他如深夜被约的情郎""红莓似的醉颜,朗星般的双眸""他如一个流浪的歌者""她们如中了邪魔般""他如一个隐姓埋名的侠客"等。

2. **象征**:借用有形、具体的事物,来表现无形、抽象的观念、情感或看不见的事物。如:"伤害青春的女魔"(不适合的情人)、"粉饰青春的野蔷薇"(情感的过客)、"神秘的宇宙"(美丽的姑娘在男主角心中的地位)。

3. **反语**:将正话反说。如:"那正是他的诡计,他想利用这迷醉的歌声寻觅你"(表面说"诡计",实际上指男主角的浪漫追求)。

4. **感官描写**:将身体对事物的各种感受,用文字加以形容,有视、听、嗅、味、触等感官描写手法。如:"四壁的山色青青,曲折的流泉冲激着沙石,发出悲壮的音韵,茅屋顶上萦绕着淡淡的炊烟和行云"(视觉+听觉)。

5. **夸张**。如:"他将腰间的宝剑,划开胸膛,他掏出赤血淋漓的心,拜献于你的足前"(夸大地表现男主角对爱情的真诚,类似俗话"掏心挖肺")。

▶ 漫画经典

他捧着女王的花冠,向人间寻觅你——美丽的姑娘!

那些都是伤害青春的女魔,不是他所要寻觅的你。

他从早唱到夜,惊动多少娇媚的女郎,但是那些都不是你。

他将女王的花冠扯碎了,掏出赤血淋漓的心,拜献于你的足前。

▶ **文学游戏场**

一、阅读素养

（　）1. 本文作者主要是在赞美什么？

　　（A）赞美姑娘的美貌世间少有。

　　（B）赞美男主角的多情与多才多艺。

　　（C）赞美男主角对爱情理想的执着。

　　（D）赞美情侣经历许多波折才是真爱。

（　）2. 以下哪个不是本文所使用的意象？

　　（A）女王的花冠，象征俗世爱情的加冕。

　　（B）伤害青春的女魔，形容害人的女妖。

　　（C）青春的野蔷薇，形容庸脂俗粉的女性。

　　（D）神秘的宇宙，象征美丽的姑娘。

二、向大师学写作

作文题目：

> 每个人的内心都是渴求被关爱的，正如花朵需要阳光的照耀。亲情是最美的，但有时在亲情中，我们也会面对许多挫折。你是否遇到过让你感觉幸福、心碎、煎熬的事？请以"关于亲情"为题，写出你的亲情观。

作文提示：

审题：文章要包含两个部分，第一部分写个人的经验；第二部分写遇到的各种状况，不论是美好的或痛苦的，都是书写的范围。开头：采用破题法，先用比喻的方式形容和定义"亲情"。经过：可在此说两三个小故事，但是正、反面的事例要兼具，并书写你从幸福或心碎的感受中获得了什么体悟。结尾：从以上各段总结出你的"亲情观"，并说明亲情带来的生命的成长。

三、思维导图练习

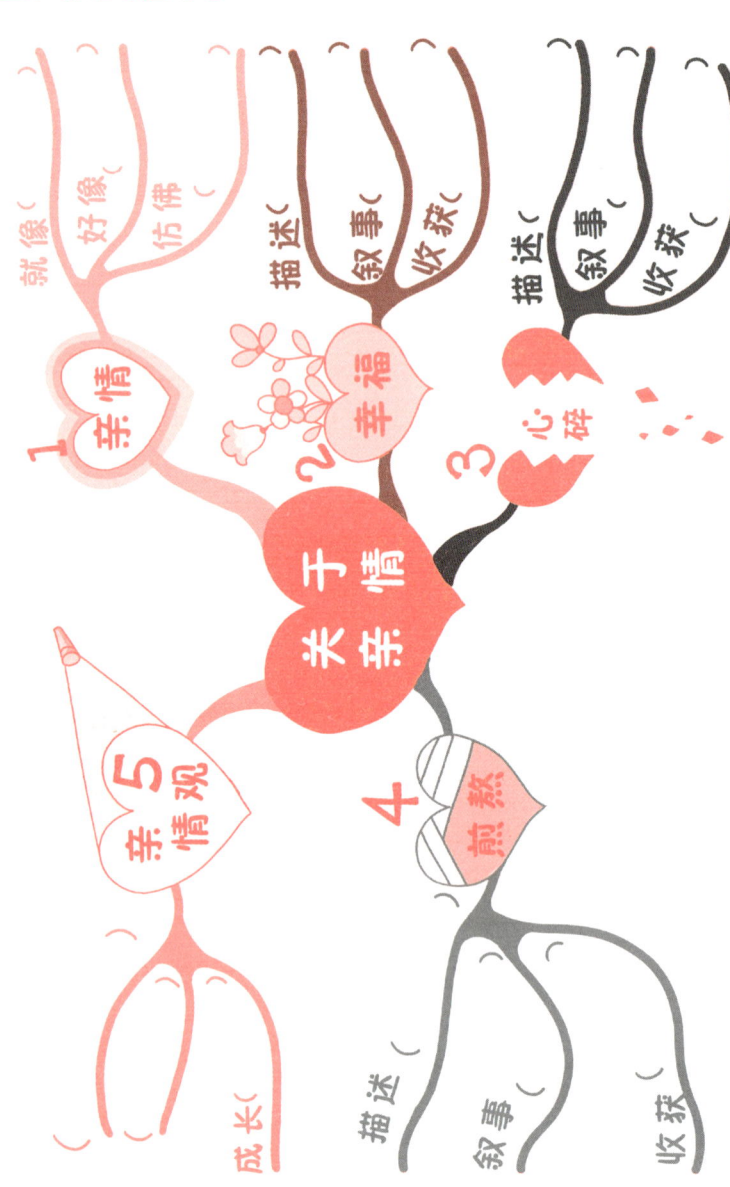

提示：以亲身经历的各个阶段分类，每个阶段都有小故事。

关于亲情

1. 亲情：就像（　）好像（　）仿佛（　）
2. 幸福：描述（　）叙事（　）收获（　）
3. 心碎：描述（　）叙事（　）收获（　）
4. 煎熬
5. 亲情观：成长
　　描述（　）叙事（　）收获（　）

PART 2
思考力好好玩
叙事论理

观念大声说

▶ 什么是叙事、论理？

叙事是有条理地叙述事情发生的经过；论理就是议论，在文章中表达我们对人、事、物的看法，或批评别人的论点、说服他人。我们可以将两者同时运用，借着叙事来论理，这样的议论文就会变得很活泼，只要用"说故事"的方式举例，针对例子说明心得或启示，再加上一些修辞，就会让文章变得比较软性，更有吸引力。

议论文的结构

段　　落	一	二	三	四
	开头	中段	中段	结尾
内　　容	提出论点	运用事例	进行论证	得出结论

▶ 议论有几种方法？

议论文能表达你对人、事、物的看法。

在论人方面，可以品评名人、伟人，或是生活中出现的人物，谈谈他们的言行对你的影响，如"我的母亲"。

在论事方面，着重写出生活经验，提出立场、看法、主张和建议，如"我对体罚的看法"。

在<u>论物</u>方面，虽然是探讨具体的"物"，但要挖掘出物的<u>深层意义</u>，写出<u>抽象的内在</u>，并且评论它的利弊得失。比如写"镜子"就要探讨自省的能力，写"泥土"则注意泥土象征人们的寄托，这样才能写得有深度。

以下将议论文分为夹叙夹议、演绎归纳、前因后果、对等并重、对立相反五种。

1.夹叙夹议

"叙"是叙述具体的例子，"议"是议论看法和主张，把<u>事实</u>和<u>议论</u>成功地结合起来，就能够彼此辅助，让文章更有说服力。有"先叙后议"和"先议后叙"两种。

先叙后议

<u>先叙后议</u>是以叙述实例为主，先把实例分成几个相关但独立的小例子，每当叙述完一个小例子，就在后面插入议论，就像汉堡。<u>先议后叙</u>则是先针对主题，把议论依照程度的不同，分成几个层次，再把几个例子穿插在议论之间，像连接火车的车厢。

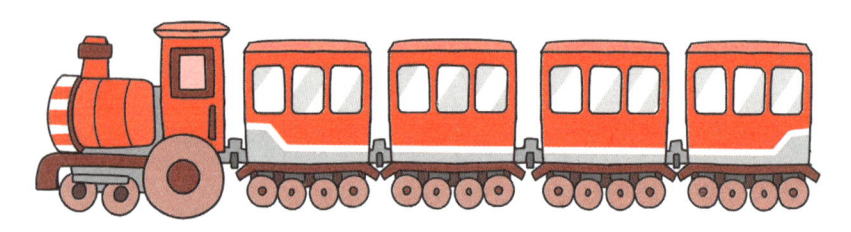

先议后叙

2.演绎归纳

演绎是先综合论点，再举例子分析。方法是以一个论点或想法为基础，举出各种事实或现象深入分析，对这些资料进行判断，证明你的论点或想法是正确的，最后下结论，又叫"先总后分"法，如"驳逆境可以成材"：

（总）人不一定在逆境中才能成材→（分）莫扎特的几个事例→结论

归纳是先分析事例，再综合出结论。方法是先找出几个事实当例子，一一加以观察与分析，找出它们的共同点，进而推出论点，最后再归纳成结论，又叫"先分后总"法，如"改变不良的习惯"：

（分）托尔斯泰的自我反省→（总）改掉不良习惯的重要性→结论

3.前因后果

什么是因果关系?"牛顿第三运动定律"表明:当宇宙有一力施出时(作用力),必有一力回复(反作用力)。套用到生活上,好比你从小到大都很用功(因),现在如愿考上第一志愿(果)。

鸡生蛋,蛋又生鸡,凡事都有前因后果,这就是因果关系。

"因"和"果"就像连体婴儿一样,结伴而来,所以有因就有果,没有因就没有果。有些题目本身就包含了因果关系,特色是具有两个主题,各代表因和果,如"付出与收获":

因　　　　　　　　　　果

4.对等并重

题目由两个或三个主题组成,每个主题都同样重要,彼此并不对立。写作时,分清楚各主题间的关系,每个主题都要单独论述或举例,如果少写了其中一个,这篇作文就不算完整。

两项并重的题目,如"学问与道德",学问、道德两者都重要,追求学问也不能忽略道德。

两项偏重是指将题目的两个主题**分出轻重**，如"做人与做事"，"做人"可以略重于"做事"，因为"做人"关系到人的品德和处世态度，只会"做事"不会"做人"，就无法与他人合作，所以"做人"更需要被重视。

　　三项并重的题目主题共有三个，如果将每个主题都分析，会耗掉许多时间，最快的方法就是先找出主题间的**共同点**，再从这个共同点出发来论述。如"请""谢谢""对不起"的共同点是个"礼"字，就从"礼"来分别谈。

```
           礼（共同点）
       ┌───────┼───────┐
       请     谢谢    对不起
```

5.对立相反

　　这类题目也是**两项式**，但两个主题的意义**相反**，彼此排斥，互相对立，就像平常答是非题，把两个主题分出对、错就好，可突显事物的一体两面。如"天使与魔鬼"，人性包含着

"天使"与"魔鬼"两面。人性是复杂的,天使是有良知的,魔鬼则让人犯错,要让自己有天使般的良知,才是正确的选择。

名篇选读

1. 战士和苍蝇 / 鲁迅

▶ 经典原文

  Schopenhauer①说过这样的话：要估定②人的伟大，则精神上的大和体格上的大，那法则③完全相反。后者距离愈远即愈小，前者却见得愈大。

  正因为近则愈小，而且愈看见缺点和创伤，所以他就和我们一样，不是神道④，不是妖怪，不是异兽。他仍然是人，不过如此。但也惟其如此，所以他是伟大的人。

  战士战死了的时候，苍蝇们所首先发见⑤的是他

---

① Schopenhauer：叔本华（1788—1860），德国哲学家，提倡意志哲学。认为生活意志为宇宙的本体，由此意志以生欲望，则欲望永不得满足，故苦痛亦无终了时，世称"厌世主义"。文中所引述的话，出自他的《比喻·隐喻和寓言》一文。
② 估定：评定、推算。
③ 法则：可当作标准的法治和规则。
④ 神道：神明。
⑤ 发见：见，同"现"，音 jiàn。发见就是"发现"。

的缺点和伤痕，嘬①着，营营②地叫着，以为得意，以为比死了的战士更英雄。但是战士已经战死了，不再来挥去他们。于是乎苍蝇们即更其营营地叫，自以为倒是不朽③的声音，因为它们的完全，远在战士之上。

的确的，谁也没有发现过苍蝇们的缺点和创伤。

然而，有缺点的战士终竟④是战士，完美的苍蝇也终竟不过是苍蝇。

去罢，苍蝇们！虽然生着翅子⑤，还能营营，总不会超过战士的。你们这些虫豸⑥们！

三月二十一日

▶ 认识名家

周树人（1881—1936），原名周樟寿，笔名鲁迅，字豫山、豫亭，后改字豫才。20世纪重要的作家、新文化运动的重要参与者、思想家。其作品对五四运动后的中国文学产生了深

---

① 嘬：音 zuō，吮吸。
② 营营：奔求追逐的意思，也用来形容苍蝇飞的声音，暗指"汲汲营营"，形容人急切求取名利的样子。
③ 不朽：永不磨灭。朽，音 xiǔ。
④ 终竟：终究。
⑤ 翅子：北方方言，翅膀。
⑥ 虫豸：本为昆虫的通称，这里用作骂人的话。豸，音 zhì。

刻的影响。他曾在日本仙台医学专门学校学习现代医学，因受到一部日俄战争纪录片里中国人围观日军杀害中国人的情节的刺激，认为"救国救民须先救思想"，于是弃医从文，希望用文字唤醒中国人。

鲁迅以小说创作崛起。1918年，他首次用"鲁迅"这个笔名发表中国现代文学史上第一篇白话短篇小说《狂人日记》，1921年再发表中篇小说《阿Q正传》，这些都是不朽杰作。鲁迅的作品，题材广泛，形式多样，包含小说、杂文、散文、诗歌等。小说以刻画底层百姓的生活为主，用白描刻画人物，挖掘人物微妙的心理变化，表现一般人思想的愚昧和生活的艰辛；散文风格冷峻清晰，展现了犀利的思辨力。作品有小说集《呐喊》《彷徨》，散文诗集《野草》，散文集《朝花夕拾》，杂文集《热风》《坟》《华盖集》《华盖集续编》等。

▶ **题解**

《战士和苍蝇》是鲁迅于1925年写的一篇杂文。文章先揭示了"缺点和创伤并不影响战士的伟大"的中心思想，而后以苍蝇为喻，揭露了当时军阀们卑劣的本质。文中以战士比喻为国奋斗乃至以身殉国的革命烈士，以苍蝇比喻那些攻击烈士的军阀，两者形成鲜明对比，表达了鲁迅对革命烈士的赞颂和对军阀的鄙夷。语言简洁明快，比喻巧妙，是一篇哲理深刻的议论文。

▶ **思维导图**

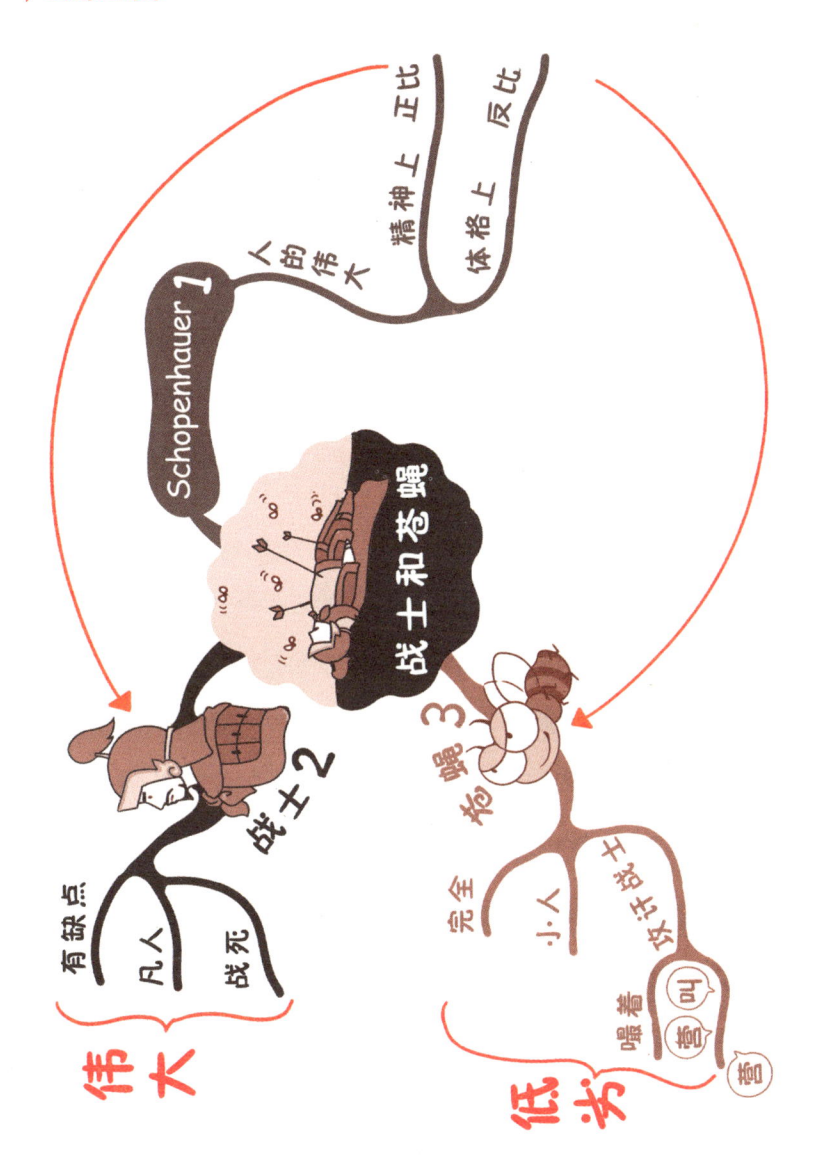

▶ 解读思维导图：战士和苍蝇

鲁迅在1925年4月3日发表了《这是这么一个意思》一文，说明了撰写本文的动机。他说："所谓战士者，是指中山先生和民国元年前后殉国而反受奴才们讥笑糟蹋的先烈；苍蝇则当然是指奴才们。"他以战士和苍蝇分别比喻以身殉国的革命先烈和攻击他们的军阀，表达了他对革命先烈的赞颂，也讽刺了那些军阀卑鄙的言行。

文章首先引用了德国哲学家叔本华（Schopenhauer）的名言，说明伟大的人物有缺点和创伤并不稀奇，因为他们不是圣人，也不是完人，他们跟我们一样只是个凡人，不是什么"神道""妖怪""异兽"。在普通人身上有"精神上的大"，更能彰显普通人的不凡。如果是天生的圣人，那么他的伟大就不特别了，但是一个普通人的伟大，却难能可贵。鲁迅反对把伟大的人物给神化，反对造神，他认为伟大的"战士"只是平凡人，所以不可避免地会有一些"缺点"，这对他们的"伟大"并没有影响。接着，他用"战士和苍蝇"的比喻，具体地对照伟大的革命战士和丑陋的军阀。这些军阀就像嗜血的苍蝇一般，见不得人好，他们利用革命先烈的一些缺点、错误，大加挞伐、攻击，企图将"战士"的光辉给抹杀掉，好达到丑化革命行动的目的。军阀们的丑恶行径就好比苍蝇的行为，当战士战死在沙场上时，苍蝇们"首先发现的是他的缺点和伤痕，嘬着，营营地叫着，以为得意"，忽视战士的功劳；他们想喧宾夺主、抢功劳、冒充英雄。"苍蝇们"营私利己，本性丑陋不堪，没有自知之明，也看不见自己的丑陋。

因此，鲁迅讽刺军阀们："的确的，谁也没有发见过苍蝇们的缺点和创伤。"运用反语说反话，表面上说苍蝇们很完美，实际上是讽刺军阀们。接着，他又一针见血地指出："有缺点的战士终竟是战士，完美的苍蝇也终竟不过是苍蝇。"因为战士的本质是伟大的，有缺点但瑕不掩瑜；而苍蝇的本质是丑陋的，再完美的苍蝇还是苍蝇，永远都做不了战士。丑陋的军阀仍旧是军阀，永远当不了英雄，只能冒充英雄，但终究会给人看穿。最后，鲁迅以战士的口吻、挥去苍蝇的姿态，对军阀（苍蝇）大声呵斥、驱赶，结束了全文，读起来痛快淋漓。

鲁迅对当时的政治局势有感而发，通过文章揭示了一个真理：像孙中山先生这样的革命战士，是不能和攻讦革命者的军阀相提并论的，军阀的诽谤伤害不了革命战士的伟大人格。文章中没有抽象的说教，也没有泼妇骂街式的直白表达，采用的是比喻、象征和拟人的写法，以嬉笑怒骂的方式、风趣幽默的语言，来表达对苍蝇（军阀）的憎恶，间接地衬托出战士（革命者）的高贵品质。在结尾又故意直接呵斥那些"苍蝇"，既幽默又辛辣，达到了很好的艺术效果。文章层次分明，内容耐人寻味。

学习贴士

▶文学小知识

1.**引用**：引用别人的话或典故、俗语等，利用一般人崇拜权威的心理及对大众意见的遵从，加强自己言论的说服力。如："Schopenhauer说过这样的话：要估定人的伟大，则精神上的大和体格上的大，那法则完全相反。"

2.**排比**。如："不是神道，不是妖怪，不是异兽"。

3.**象征**。如："战士"象征革命者、烈士，"苍蝇""虫豸"象征军阀。

4.**拟声**：用拟声词，把耳朵听到的声音描绘出来。如："营营地"（苍蝇飞行的声音）。

5.**双关**：一语同时关联两种事物，或兼含两种意义的修辞方法。如："营营"既形容苍蝇飞的声音，又形容人"汲汲营营"。

6.**呼告**：对不在现场的人或物直接呼唤，并跟他（它）说话。如："去罢，苍蝇们！""你们这些虫豸们！"

▶ **漫画经典**

战士和我们一样，有缺点和创伤，所以是伟大的人。

战士战死了，苍蝇们首先发现的是他的缺点和伤痕。

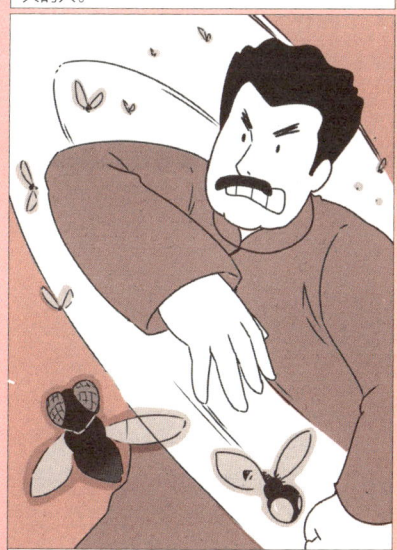

苍蝇们营营地叫着，以为得意，以为比死了的战士更英雄。

有缺点的战士终竟是战士，完美的苍蝇终竟是苍蝇。

▶ **文学游戏场**

一、阅读素养

(　　) 1. 作者撰写此文,主要反对的是什么?

（A）反对苍蝇不尊重战士的尸体。

（B）反对造神,不愿将伟大的战士神化。

（C）反对军阀嗜血无情地攻讦革命者。

（D）反对苍蝇死皮赖脸,怎么赶都赶不走。

(　　) 2. 以下句子所使用的修辞哪个有误?

（A）不是神道,不是妖怪,不是异兽。（排比）

（B）营营地叫着,以为得意。（拟声）

（C）Schopenhauer说过这样的话:要估定人的伟大,则精神上的大和体格上的大,那法则完全相反。（引用）

（D）去罢,苍蝇们!……你们这些虫豸们!（感叹）

二、向大师学写作

作文题目：

> 不论我们愿不愿意，生活在这个世界上，每个人都难免遭遇偏见，每个人也都有可能成为制造偏见的人，难怪有人说"偏见其实是人类与生俱来的一种本性"。偏见会导致社会紊乱，使人与人之间产生冲突，我们该如何以"关爱"来取代"偏见"？对此，你有什么想法或见解？请以个人生活经验为主，写一篇题目为"偏见与关爱"的文章。

作文提示：

<u>审题</u>："偏见与关爱"和"战士和苍蝇"都是<u>对立关系</u>的题目，首先要将题目理解为"要消除偏见，勇于关爱他人"，以此作为文章的主旨。<u>开头</u>：引用名言，再用<u>列举法</u>，叙述世上几种普遍的偏见，比如男性对女性的偏见、大人对小孩的偏见等，说明人人都有偏见，会导致社会紊乱和人与人间相处不和谐。<u>经过</u>：运用<u>正反法</u>，先叙述自己对他人有偏见的故事，造成了什么后果。再叙述自己转变心态，以关爱他人代替偏见，得到了什么意想不到的好处。<u>结尾</u>：用<u>呼告法</u>呼唤读者，说出关爱他人的重要性，以达到劝勉、鼓舞的效果。

三、思维导图练习

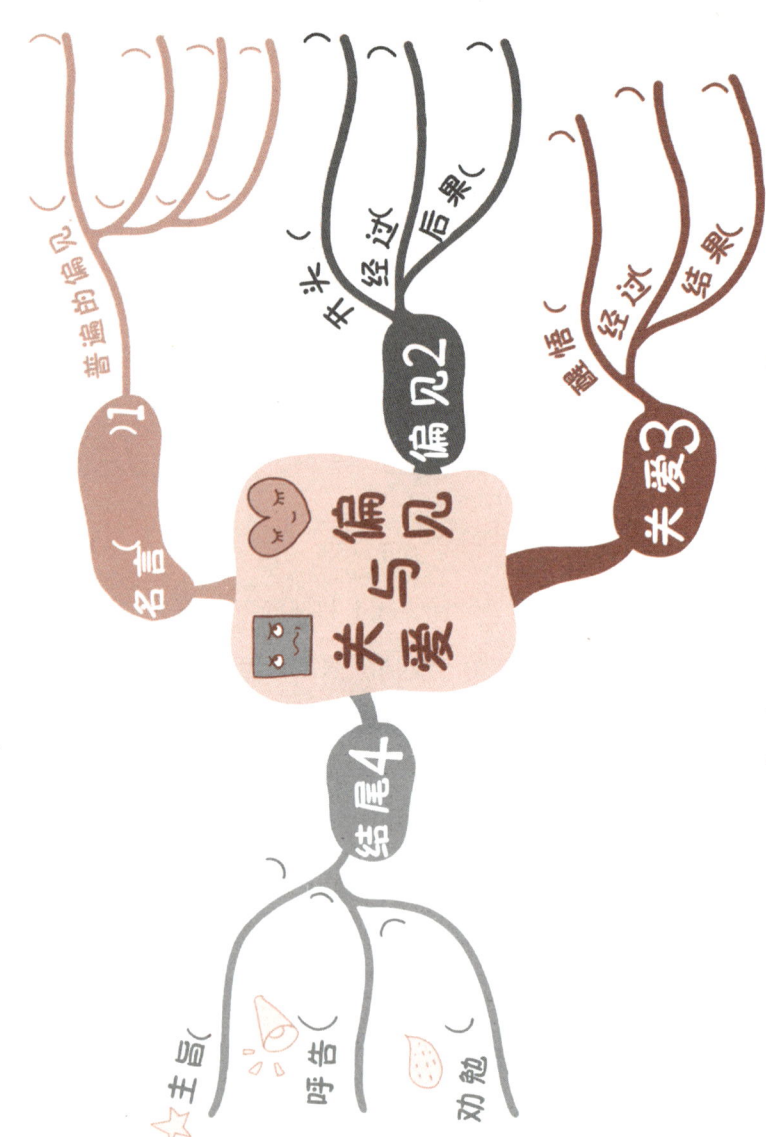

偏见与关爱

1 偏见
- 普遍的偏见
- 名言

2 偏见
- 事件
- 经过
- 后果

3 关爱
- 感悟
- 经过
- 结果

4 结尾
- 主旨
- 呼告
- 劝勉

提示：以偏见、关爱两者对比的方式分类，各举出故事为例子。

名篇选读

2. 饿 / 萧红

▶ 经典原文

"列巴圈"①挂在过道②别人的门上，过道好像还没有天明，可是电灯已经熄了。夜间遗留下来睡朦朦的气息充塞③在过道，茶房气喘着，抹着地板。我不愿醒得太早，可是已经醒了，同时再不能睡去。

厕所房的电灯仍开着，和夜间一般昏黄，好像黎明还没有到来，可是"列巴圈"已经挂上别人家的门了！有的牛奶瓶也规规矩矩地等在别人的房间外。只要一醒来，就可以随便吃喝。但，这都只限于别人，是别人的事，与自己无关。

扭开了灯，郎华④睡在床上，他睡得很恬静，连

---

① 列巴圈：列巴，俄语的音译，指面包。
② 过道：房子与房子、墙壁与墙壁之间可通行的窄路。
③ 充塞：塞满。塞，音 sè。
④ 郎华：萧红的丈夫萧军，萧红常在文中称他"三郎"。

呼吸也不震动空气一下。听一听过道连一个人也没走动。全旅馆的三层楼都在睡中，越这样静越引诱我，我的那种想头①越坚决。过道尚没有一点声息，过道越静越引诱我，我的那种想头越想越充涨②我：去拿吧！正是时候，即使是偷，那就偷吧！

轻轻扭动钥匙，门一点响动也没有。探头看了看，"列巴圈"对门就挂着，东隔壁也挂着，西隔壁也挂着。天快亮了！牛奶瓶的乳白色看得真真切切，"列巴圈"比每天也大了些。结果什么也没有去拿，我心里发烧，耳朵也热了一阵，立刻想到这是"偷"。儿时的记忆再现出来，偷梨吃的孩子最羞耻。过了好久，我就贴在已关好的门扇上，大概我像一个没有灵魂的、纸剪成的人贴在门扇。大概这样吧：街车唤醒了我，马蹄得得③、车轮吱吱地响过去。我抱紧胸膛，把头也挂到胸口，向我自己心说：我饿呀！不是"偷"呀！

---

① 想头：念头。
② 充涨：形容极为充满。
③ 得得：音 dé，拟声词，马蹄声。

第二次也打开门，这次我决心了！偷就偷，虽然是几个"列巴圈"，我也偷，为着我"饿"，为着他"饿"。

第二次又失败，那么不去做第三次了。下了最后的决心，爬上床，关了灯，推一推郎华，他没有醒，我怕他醒。在"偷"这一刻，郎华也是我的敌人；假若我有母亲，母亲也是敌人。

天亮了！人们醒了，马路也醒了。做家庭教师，无钱吃饭也要去上课，并且要练武术。他喝了一杯空茶走的，过道那些"列巴圈"早已不见，都让别人吃了。

从昨夜饿到中午，四肢软弱一点，肚子好像被踢打放了气的皮球。

窗子在墙壁中央，天窗似的，我从窗口升了出去，赤裸裸，完全和日光接近；市街临在我的脚下，直线的，错综着许多角度的楼房，大柱子一般工厂的烟囱，街道横顺交织着，秃光的街树。白云在天空做出各样的曲线。高空的风吹乱我的头发，飘荡我的衣襟。市街像一张繁繁杂杂颜色不清晰的地图，挂在我的眼前。楼顶和树梢都挂住一层稀薄的白霜，整个城市在阳光下闪闪烁烁撒了一层银片。我的衣襟被风拍着作响，我冷了，我孤孤独独的好像站在无人的山顶。每家楼顶的白霜，一刻不是银片了，而是些雪花、冰花，或是什么更严寒的东西在吸我，全身浴在冰水里一般。

我披了棉被再出现到窗口，那不是全身，仅仅是头和胸突①在窗口。一个女人站在一家药店门口讨钱，手下牵着孩子，衣襟裹着更小的孩子。药店没有人出来理她，过路人也不理她，都像说她有孩子不对，穷就不该有孩子，有也应该饿死。

我只能看到街路的半面，那女人大概向我的窗下走来，因为我听见那孩子的哭声很近。

"老爷，太太，可怜可怜……"可是看不见她在追逐②谁，虽然是三层楼，也听得这般清楚，她一定是跑得颠颠断断③地呼喘："老爷，老爷……可怜吧！"

---

① 突：凸起，伸出。
② 逐：跟随，追寻。这里指四处寻找人讨饭的模样。
③ 颠颠断断：快跑急冲时震荡的样子。

那女人一定正像我，一定早饭还没有吃，也许昨晚的也没有吃。她在楼下急迫的来回的呼声传染了我，肚子立刻响起来，肠子不住地呼叫……

郎华仍不回来，我拿什么来喂肚子呢？桌子可以吃吗？草褥子①可以吃吗？

晒着阳光的行人道，来往的行人，小贩，乞丐……这一些看得我疲倦了！打着呵欠从窗口爬下来。

窗子一关起来，立刻满生了霜，过一刻玻璃片就流着眼泪了！起初是一条条的，后来就大哭了！满脸是泪，好像在行人道上讨饭的母亲的脸。

我坐在小屋，像饿在笼中的鸡一般，只想合起眼睛来静着，默着，但又不是睡。

"咯②，咯！"这是谁在打门！我快去开门，是三年前旧学校里的图画先生。

他和从前一样很喜欢说笑话，没有改变，只是胖了一点，眼睛又小了一点。他随便说，说得很多。他的女儿，那个穿红花旗袍的小姑娘，又加了

---

① 草褥子：以草编成，睡觉时用来铺垫的垫被。褥，音 rù。
② 咯：音 gē，拟声词，形容喉头声响、鸡叫声、笑声等。

一件黑绒上衣,她在藤椅上怪美丽的。但她有点不耐烦的样子:"爸爸,我们走吧。"小姑娘哪里懂得人生!小姑娘只知道美,哪里懂得人生?

曹先生问:"你一个人住在这里吗?"

"是——"我当时不晓得为什么答应"是",明明是和郎华同住,怎么要说自己住呢?

好像这几年并没有别开,我仍在那个学校读书一样。他说:

"还是一个人好,可以把整个的心身献给艺术。你现在不喜欢画,你喜欢文学,就把全心身献给文学。只有忠心于艺术的心才不空虚,只有艺术才是美,才是真美。'爱情'这话很难说,若是为了性欲才爱,那么就不如临时解决,随便可以找到一个,只要是异性。爱是爱,'爱'很不容易,那么就不如爱艺术,比较不空虚……"

"爸爸,走吧!"小姑娘哪里懂得人生,只知道"美",她看一看这屋子一点意思也没有,床上只铺一张草褥子。

"是,走——"曹先生又说,眼睛指着女儿:

"你看我,十三岁就结了婚。这不是吗?曹云都十五岁啦!"

"爸爸,我们走吧!"

他和几年前一样,总爱说"十三岁"就结了婚。差不多全校同学都知道曹先生是十三岁结婚的。

"爸爸,我们走吧!"

他把一张票子丢在桌上就走了!那是我写信去要的。

郎华还没有回来,我应该立刻想到饿,但我完全被青春迷惑了,读书的时候,哪里懂得"饿"?只晓得青春最重要,虽然现在我也并没老,但总觉得青春是过去了!过去了!

我冥想了一个长时期,心浪和海水一般的潮了一阵。

追逐实际吧!青春惟有自私的人才系念她,"只有饥寒,没有青春"。

几天没有去过的小饭馆,又坐在那里边吃喝了。"很累了吧!腿可疼?道外道里要有十五里路。"我问他。

只要有得吃，他也很满足，我也很满足。其余什么都忘了！

那个饭馆，我已经习惯，还不等他坐下，我就抢了个地方先坐下，我也把菜的名字记得很熟，什么辣椒白菜啦，雪里蕻豆腐啦……什么酱鱼啦！怎么叫酱鱼呢？哪里有鱼！用鱼骨头炒一点酱，借一点腥味就是啦！我很有把握，我简直都不用算一算就知道这些菜也超不过一角钱。因此我用很大的声音招呼，我不怕，我一点也不怕花钱。

回来，没有睡觉之前，我们一面喝着开水，一面说：

"这回又饿不着了，又够吃些日子。"

闭了灯，又满足又安适地睡了一夜。

▶ **认识名家**

萧红（1911—1942），本名张秀环，后改名为张廼莹（一说为：张迺莹），笔名萧红、悄吟，黑龙江省哈尔滨市呼兰区人。幼年丧母，继母对她施以虐待，父亲淡漠疏离，给她的心灵留下阴影。在哈尔滨就读中学时，接触了五四运动以来的进步思想和文学，之后更是受到鲁迅、茅盾和美国作家辛克莱的作品的影响。

1934年，萧红与丈夫萧军移居青岛观象一路1号的二层小楼，在这里她写完了成名作《生死场》。鲁迅称赞《生死场》具有"女性作品的细致的观察和越轨的笔致"，并推荐出版，萧红从此确立了在现代文学史上的地位。她的作品对乡土与女性充满关怀，语言温顺平和而略带哀婉，书写故乡及挚爱时，诙谐、热闹、温暖、华丽兼具；论及中国的民族性则辛辣讽刺。其创作不受意识形态束缚，也不受文体技巧限制，更不受政治环境影响。作品有短篇及长篇小说、散文、诗歌，代表作有《生死场》《呼兰河传》等。

▶题解

《饿》出自散文集《商市街》。1932年，松花江决堤，萧军带着萧红逃出困境后，就住进旅馆同居，因为没有固定收入，二人只靠着萧军担任家庭教师的收入和借债勉强度日，但是他们患难与共，感情融洽，本文描述的就是当时艰困的情景。全文以饥饿时的心理感受贯串，字里行间寄寓着萧红对个人身世飘零的感叹，也饱含着对黑暗现实的无奈之情。

▶ 思维导图

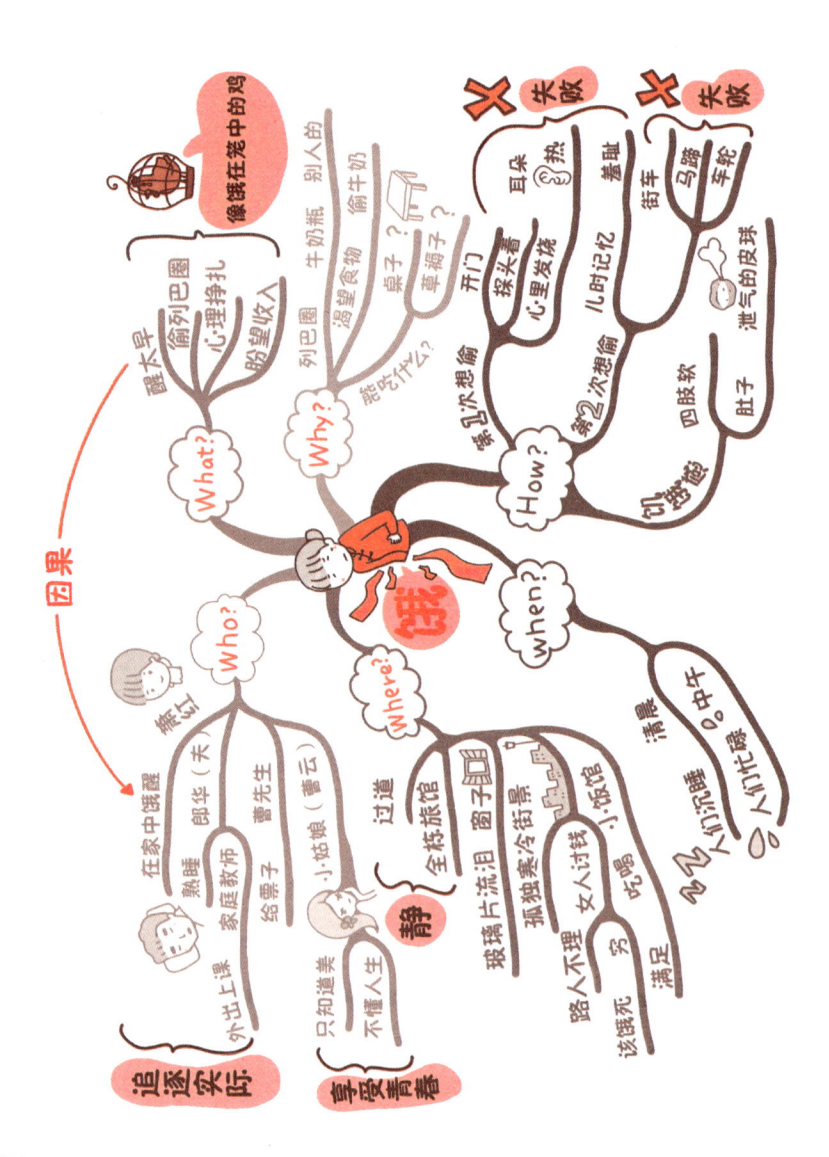

饿

What?
- 醒太早
- 偷列巴圈
- 心理挣扎
- 盼望收入
- 像饿在笼中的鸡

Why?
- 列巴圈
- 牛奶瓶 — 别人的 — 偷牛奶
- 渴望食物
- 鼻子 — 能闻到什么？
- 草褥子 — 开门

How?
- 第1次想偷 — 探头看 — 耳朵 — 心里发烧 — 热 — 羞耻
- 第2次想偷 — 儿时记忆 — 街车 — 马路 — 车轮 — 泄气的皮球
- 饥饿感 — 四肢软 — 肚子

When?
- 清晨
- 中午 — 人们沉睡
- 乙乙 — 人们忙碌

Where?
- 过道
- 全栈旅馆
- 窗子口 — 窗外街景
- 小饭馆
- 玻璃片流泪
- 孤独寒冷街景
- 女人过钱
- 吃喝
- 路人不理
- 穷
- 该饿死
- 满足

Who?
- 在家中醒 — 熟睡 — 家庭教师 — 外出上课
- 郎华（夫）— 给票子
- 鲁先生
- 小姑娘（鲁云）— 只知道美 — 不懂人生

因果

追逐实际
享受青春
静

74

▶ 解读思维导图：饿

三十一岁就逝世的萧红，一生颇多磨难，她从中学会了与贫穷、饥饿共处，所以这两者就成为萧红作品最常见的主题。在她许多表现"饿"的作品中，本篇《饿》是最具代表性的一篇。文章以饥饿时独特的心理感受贯串全文，在字里行间寄寓着萧红对个人身世飘零的感叹、对青春岁月的留恋与追逐实际的感伤，同时也饱含着对黑暗现实的无奈之情。

文章一开始，作者因为极度饥饿而被"饿醒"，当时天还没亮，她却再也睡不着了，一早起来等待食物时饥饿的感觉，促使她对挂在别人家门前的"列巴圈"产生了渴望。作者细致地描绘出想要偷"列巴圈"的心理挣扎情景：心里发烧、耳朵热，感到羞耻，也想蒙蔽良心地认定那不是"偷"，最后终究因为自尊而不偷了。尽管饿得"四肢软弱"、肚子像泄了气的皮球，她还是选择被饥饿折磨下去。

在等待丈夫"郎华"（萧军）回家的百无聊赖中，作者暂时忽略了饥饿，她打开其他感官，聆听街上传来的声音，看看街上的人、事、物。她看见一个带小孩的女人在街上讨钱，看见路人不理、穷人挨饿的景象，对应到她自身，引发出种种喟叹。作者对个人身世飘零的感叹，以及处于饥饿痛苦折磨的处境，丝毫未损她的同情心。在这里，对街景、天气的描绘，营造了寒冷与孤独的氛围，融情入景、情景交融，人与景似乎悲寒地互相对视，彼此相怜。

萧红写"饿",描写的是"饿得只剩下虚无的存在感",她想挖掘的,是最根本也最贫乏的问题:吃饱还是挨饿?活着还是死掉?因此,在一连串的饥饿描写过后,出现了"曹先生来访"的情节,带来了"票子",这笔收入,为困境带来了一线生机。但是,她特别强调"那是我写信去要的",她放下身段去讨钱,就如同街上讨钱的女人,损伤了自尊,但迫于现状,不得不然。萧红还是有作家的矜持的,曹先生对她说:"你喜欢文学,就把全心身献给文学。只有忠心于艺术的心才不空虚,只有艺术才是美,才是真美。"这段话与其说是曹先生的唠叨教诲,不如说是萧红的内心写照,体现出她对自己作家、艺术家身份的矜持。

曹先生带来的女儿"小姑娘",则是作为青春岁月的对照,作者不止一次感叹"小姑娘哪里懂得人生!小姑娘只知道美",借此叹息自己已逝的青春。萧红的青春时期尽管也多磨难,但毕竟青春年少,不像后来这般为贫穷所困、为追逐实际所苦。这里又引发读者的感叹,文学、艺术虽美,似乎还美不过饱食一顿的满足。

在萧红的散文中出现过的饥饿不计其数,变化繁多。一般人写"饿",写来写去只有几种说法,但这篇,却以几千字、数个比喻、景物描绘、人物穿插等技巧,穿透了"饿"的主题,把"饿"联系到人生存在、现实与美等形而上的层面,技巧高妙,令人叹服。在萧红的笔下,仿佛人要是不吃不喝,不只做不了人、过得没有尊严,甚至会"像饿在笼中的鸡一般"沦为动物,或是成为"雪花""冰花"一般的死物,毫无存在感可言。饥饿是许多人人生中遇过的悲惨遭遇之一,然而只有萧红能将悲惨通过生花妙笔转化为艺术境界。读过了《饿》,一股深沉的悲凉从文章中直透人心深处,只有真正经历过生活艰难的人,才能写出这些刻骨铭心的感受。

学习贴士

▶ **文学小知识**

1.**感官描写**。如:"夜间遗留下来睡朦朦的气息充塞在过道"(嗅觉)、"牛奶瓶的乳白色看得真真切切"(视觉)、"我心里发烧,耳朵也热了一阵"(触觉+心觉)、"街车唤醒了我,马蹄得得、车轮吱吱地响过去"(听觉、拟声词)等。

2.**夸张**。如:"他睡得很恬静,连呼吸也不震动空气一下。"

3.**反复**:为强调某种意思、突出情感,重复使用某些词语、句子或段落。如:"越这样静越引诱我……过道越静越引诱我""小姑娘哪里懂得人生!小姑娘只知道美……小姑娘哪里懂得人生,只知道'美'"等。

4.**感叹**:用呼声表露情感,借着各种叹词、助词来强调内心的惊讶或赞叹、伤感或痛惜、欢笑或讥嘲等。一般常用的语气助词有"哇""啊""唉""哦""哟"等。如:"去拿吧！正是时候，即使是偷，那就偷吧！""我饿呀！不是'偷'呀！""但总觉得青春是过去了！过去了！"

5.**比喻**。如："大概我像一个没有灵魂的、纸剪成的人贴在门扇""肚子好像被踢打放了气的皮球""窗子在墙壁中央，天窗似的""市街像一张繁繁杂杂颜色不清晰的地图""我孤孤独独的好像站在无人的山顶""全身浴在冰水里一般""心浪和海水一般的潮了一阵"等。

6.**拟人**。如："肠子不住地呼叫""过一刻玻璃片就流着眼泪了"等。

7.**设问**：心中确有疑问，或心中早有定见，只是为促使对方自省时用。如："我拿什么来喂肚子呢？桌子可以吃吗？草褥子可以吃吗？"（激问）、"怎么叫酱鱼呢？哪里有鱼！"（提问）。

8.**呼告**。如："追逐实际吧！"

▶ **漫画经典**

探头看了看,"列巴圈"对门就挂着,结果什么也没有去拿。

一个女人手牵着孩子讨钱,衣襟裹着更小的孩子。

曹先生把一张票子丢在桌上就走了,那是我写信去要的。

几天没去过的小饭馆,又坐在那里吃喝了,只要有得吃,其余什么都忘了。

▶ **文学游戏场**

一、阅读素养

(　　) 1. 文中出现"曹先生来访"的情节，用意为何？
　　（A）让曹先生落井下石衬托萧红的困境。
　　（B）用小姑娘的青春对照萧红的沧桑。
　　（C）用小姑娘的美丽突显萧红的贫贱。
　　（D）为了使萧红夫妻解决饥饿问题。

(　　) 2. 以下哪个为作者的心理挣扎描写？
　　（A）儿时的记忆再现出来，偷梨吃的孩子最羞耻。
　　（B）我拿什么来喂肚子呢？桌子可以吃吗？草褥子可以吃吗？
　　（C）我抱紧胸膛，把头也挂到胸口，向我自己心说：我饿呀！不是"偷"呀！
　　（D）她在楼下急迫的来回的呼声传染了我，肚子立刻响起来，肠子不住地呼叫……

二、向大师学写作

作文题目：

> 生活中，可能会发生某件事情，能够让我们产生一些想法，这件事也许带来了痛苦、折磨，也许带来了喜悦、希望，无论如何，都能促使我们成长，令人终生难忘，想一想：你曾经受到什么事情的启发？以"一件事的启示"为题，叙述事件的经过和得到的启示。

作文提示：

审题：选择一件印象深刻的事来写，这件事可能对你造成冲击，影响了你的人生。将事情叙述出来，着墨在个人成长前后的转折上，这样才能将你得到的"启示"突显出来。开头：使用比喻法，将人生比喻为调味料，各种滋味无法预先知道，所以成长路上所遇到的种种事情，必须亲身体验才能明白。经过：用回忆法带读者回到事发当时。写作时可以强调心理描写，分成事发前、事发时和事件过后，有层次地描写心理上的纠结，最后得出结论。结尾：用感想法，适当运用反语，借着启示来反省自己，将会令读者感受到那份诚恳。

三、思维导图练习

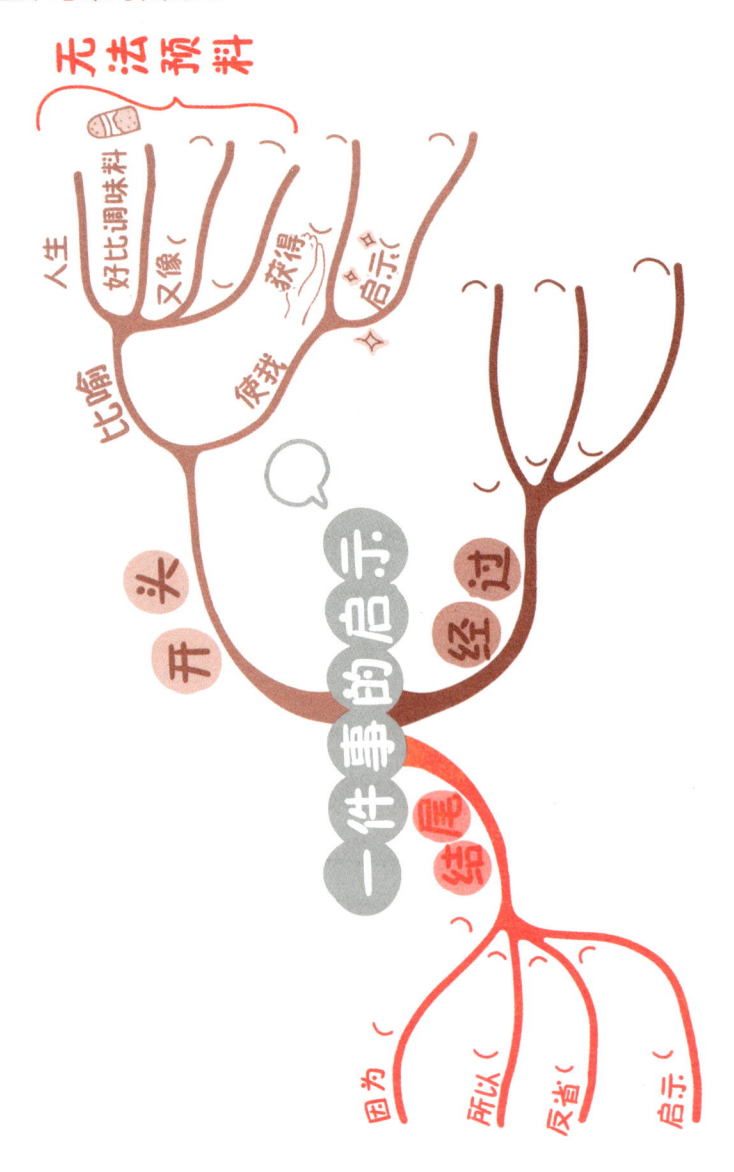

一件事的启示

- 开头
  - 比喻
    - 人生
    - 好比调味料
    - 又像
  - 启示
    - 使我获得
  - 无法预料
- 经过
- 结尾
  - 因为
  - 所以
  - 反省
  - 启示

提示：叙述"经过"时，也要有次序地分三个层次。

名篇选读

3. 怕鬼 / 张我军

▶ **经典原文**

　　本来，我是每到夜半必上厕所一次的，但是自从芳邻①死后，上厕所也发生问题了。问题是在厕所正对着二十三号病室②。我是不信鬼的，而且自以为不怕鬼。可是说也奇怪，自从这一天，夜半醒了，照例要上厕所，却又踌躇③起来，往往就憋到天亮。有时实在憋不住了，便抖擞④精神，壮着胆子出去，走到二十三号门口时，便不由自己地瞪一瞪那个门，然后使劲推开厕所的门，定睛望望内部之后，才大踏步迈进去。办完事要回去，也照样使劲拉开门，站稳了瞪一瞪二十三号的门，然后大踏步迈出去，一股气迈到我们的病室，回头再瞪

---

① 芳邻：敬称，指邻居。此指隔壁二十三号病室的病人。
② 二十三号病室：是张我军妻子所住的病室的隔壁，住在隔壁的人姓"铃木"，后来病死了，引起张我军对生、死问题的思索。内容见张我军的《病房杂记》一文。
③ 踌躇：音 chóu chú，犹豫不决。
④ 抖擞：奋发，振作。擞，音 sǒu。

一眼才开门进房。

这种情形，当然是怕鬼无疑的了。不信鬼又怎么会怕死呢？这是不错的，我也嗤笑①我自己矛盾。其实我还是不信鬼，也不是怕鬼。只是天下事总有个万一，所以虽然不信有鬼，若万一真出了鬼，便该怎样？若万一跑出来的鬼，是个像《聊斋》②所谈的风流儒雅的鬼，当然是不但不必怕，并且可以谈谈。可是倘若是个凶恶狞③猛的鬼，便难免吓坏了。于是为防万一起见，我总是避开万一有见鬼的可能的地点和时间。遇到无法避开之时，总要预备和它苦斗一场，所以行动特别慎重。

然而想来实在好笑，对于虚无飘渺④的鬼，既不信其有，又不敢断然信其绝无。这都是我们祖先的罪过，谁叫他们教给我们说"人死了都变成鬼，而且都会吃人"呢？

---

① 嗤笑：讥笑，嘲笑。嗤，音 chī。
② 聊斋：书名，原称《聊斋志异》，简称《聊斋》，为清代文人蒲松龄所撰，共四百三十一篇。"聊斋"为蒲松龄书房名，"志异"是记录怪异的事情，主要是借鬼狐抒发对现实政治、社会的不满。描写委婉，文笔精练，为著名的短篇小说集。
③ 狞：音 níng，凶恶，凶暴。
④ 虚无飘渺：又作"虚无缥缈"，形容虚幻渺茫，不可捉摸。

▶ 认识名家

张我军（1902—1955），作家，台湾省台北板桥镇（今台湾省新北市板桥区）人，祖籍福建漳州南靖县，原名张清荣。先后肄业及毕业于北平中国大学和北京师范大学，受五四运动影响，发表了台湾作家的第一本新诗诗集《乱都之恋》（1925），又发表了多篇评论，企图改革台湾传统文学，积极向台湾引介鲁迅、郭沫若、冰心、郑振铎等作家的作品，对中国新文学的理论与创作在台湾的发展，贡献甚大。

1997年，台北县政府"为乡里人杰塑像"，在其母校"板桥小学"立了张我军石像，表彰他对台湾新文学运动的贡献。1975年，林海音邀请张我军次子张光直主编《张我军诗文集》（纯文学出版社）。1989年，《张我军诗文集》增订并改名《张我军文集》。张我军生前的译作有杨红英编的《张我军译文集》（海峡学术出版社），于2011年出版。

▶ 题解

《怕鬼》出自散文《病房杂记》。张我军在医院看见病人垂死挣扎后，受到震撼进而深入探索了生死问题：人生与死，死后的世界是怎样的，人为什么生，又何以会死？他体认到人的生死是自然的规律，同时阐述鬼之所以可怕，也许是因为人们受到教育、风俗、价值观的影响所形成的怕鬼心态。

▶ **思维导图**

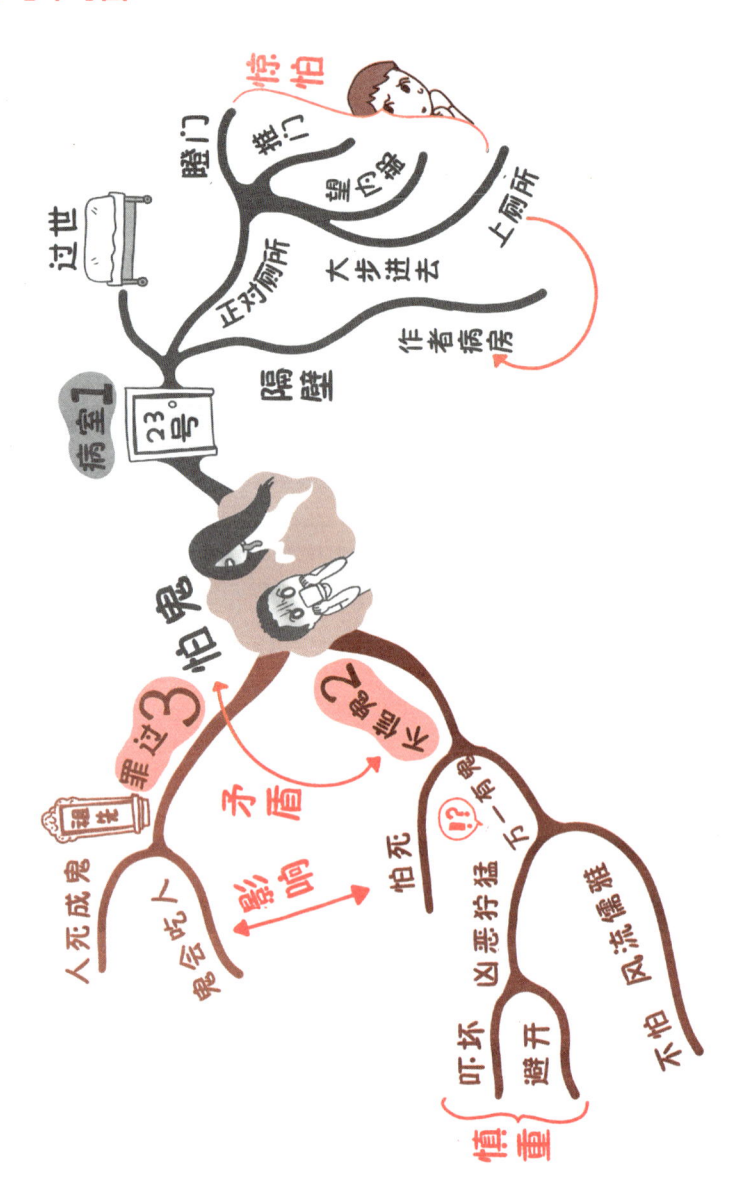

▶ 解读思维导图：怕鬼

人为什么生，又为什么会死？生命的新生与消亡，是最神秘的问题，也是人人都在探索的问题。有人遭遇不幸，就希望自己没被生下来；有人不断地问"人死后究竟会到哪里"；更有秦始皇一类的人，竭尽全力想让自己的生命延长；有人则痛心另一个人为何那么早死……张我军将他在病房中的所见所闻，包括人生与死、人死后的问题、鬼神问题等，一一进行思考，写成了散文《病房杂记》。

到了一个地方，人不免会因为这个地方的环境而有一些特别的想法。故事是从二十三号病室开始的，它正对着厕所，而作者妻子的病房就在隔壁——二十四号病室。在《病房杂记》中，本文前面的一篇《死过人没有》里提到护士来测病人体温，躺在病床上的病人第一句就是问她"这屋子死过人没有"，这些对话令作者想到"人死了变成鬼：这个观念，可以说是起源于所谓野蛮蒙昧的原始时代，一直到所谓科学昌明的时代，还盘踞于人类精神之一隅的怪物"，并且"然而这怪物，居然被人类当作可怕的事物之尤者，想来人类也够可笑的了"。这时候，"怕鬼"的念头在作者心中就像个笑话，不值一提。

一直到某天，作者忽然得知隔壁二十三号病室的病人死了，毫无预警，十分愕然，于是在《人生与死》一篇中提到，这个从没见过的芳邻之死，竟让他想了几天几夜。"怕鬼"的念头悄悄浮上心头，他便在本文《怕鬼》中，以极为生动的笔法，详细地描述了经过二十三号病室去上厕所时的紧张情绪。经过"芳邻"的门口时，他必须壮着胆子"瞪一瞪那个门，然后使劲推开厕所的门，定睛望望内部之后，才大踏步迈进去"，回病房时也必须重复这些动作才行，细腻而生动的动作描写，突显了作者"怕鬼"的心理。

想一想：在医院、在病房时，我们可曾像作者这样，对生死产生过想法？作者将他的思考投入在病房的经历中，省思生死的问题。他嘲笑自己的矛盾，明明不信鬼，却又怕鬼，为什么会有这样的心态呢？他将原因归结为"祖先的罪过"。东方人一向被灌输"人死了都变成鬼，而且都会吃人"的观念，即使原本不信鬼的人，无形中竟也深受影响，可见传统观念潜移默化之深刻，也因为这样的影响，造成人们许多荒谬可笑的行为。文中时而见作者自我解嘲，时而见他批评自己的矛盾，同时间接地对传统生死观、鬼神观做了一番批判。

生、死、鬼、神在医学、哲学、宗教等领域，都有各自不同的诠释，但共通点是"人会生，然后会死"，人无法逃避大自然的规律。对于死亡，有的人可以想尽办法拖延，有的人可以猜想死后的世界，但张我军通过《病房杂记》告诉我们，应该投注更多心力在"生"上，与其担心死亡与鬼魂，不如更用心在自己的生活中，"把握当下"才是最重要的。

学习贴士

▶ 文学小知识

1. **动作描写**：将人物活动时的状态、一举一动都细腻地描写出来。如："走到二十三号门口时，便不由自己地瞪一瞪那个门，然后使劲推开厕所的门，定睛望望内部之后，才大踏步迈进去。办完事要回去，也照样使劲拉开门，站稳了瞪一瞪二十三号的门，然后大踏步迈出去，一股气迈到我们的病室，回头再瞪一眼才开门进房。"

2. **设问**。如："不信鬼又怎么会怕死呢？这是不错的，我也嗤笑我自己矛盾。""虽然不信有鬼，若万一真出了鬼，便该怎样？若万一跑出来的鬼，是个像《聊斋》所谈的风流儒雅的鬼，当然是不但不必怕，并且可以谈谈。可是倘若是个凶恶狰狞的鬼，便难免吓坏了。"

3. **引用**。如："人死了都变成鬼，而且都会吃人。"（引用传统的观念或风俗）

▶ 漫画经典

二十三号病室的"芳邻"死了,我内心也蒙上了阴影。

原本我不怕鬼,但现在经过二十三号门口,都要先刻意张望。

万一跑出来的是个凶恶狰狞的鬼,难免会被吓坏了。

乖一点,不然鬼吃掉你!

这都是祖先的罪过,谁叫他们教我们"鬼会吃人"呢!

▶文学游戏场

一、阅读素养

(　　) 1. 读了本文，想一想：作者究竟怕不怕鬼？为什么？

　　（A）不怕，古老的观念早已落伍了。

　　（B）怕，病人的魂魄仍然在医院里徘徊。

　　（C）不怕，科学昌明的时代已经验证没有鬼。

　　（D）怕，传统观念的影响很深入人心。

(　　) 2. 以下句子所运用的修辞，哪个正确？

　　（A）我是不信鬼的，而且自以为不怕鬼。（反语）

　　（B）办完事要回去，也照样使劲拉开门，站稳了瞪一瞪二十三号的门，然后大踏步迈出去，一股气迈到我们的病室，回头再瞪一眼才开门进房。（动作描写）

　　（C）这都是我们祖先的罪过。（夸张）

　　（D）倘若是个凶恶狞猛的鬼，便难免吓坏了。（暗喻）

二、向大师学写作

作文题目：

> 每个人都有紧张的时刻，在不同状况下，可能因为陌生、胆怯、不熟悉，而感到分外紧张。紧张不尽然是负面的感受，有时也会成为一种提醒和动力。请以"最紧张的一刻"为题，回忆自己最紧张的一次经历，同时描述当时的感受。

作文提示：

审题：题目的重点是要描述在特定的状况下所产生的紧张情绪，对情绪的转折要多加描绘，运用比喻和夸张来形容，可使抽象的情绪变得具体。开头：一开始用<u>结果法</u>，从事件的结果写起，然后再叙述事件的经过，可引起读者的好奇。经过：运用<u>心情法</u>，以描述心情和情感的转折、变化为主，可多多利用感官描写，这样才能牵引读者的情绪。结尾：最后用<u>期勉法</u>，以期望或勉励的话语来结束文章，或是对读者提出建议。

三、思维导图练习

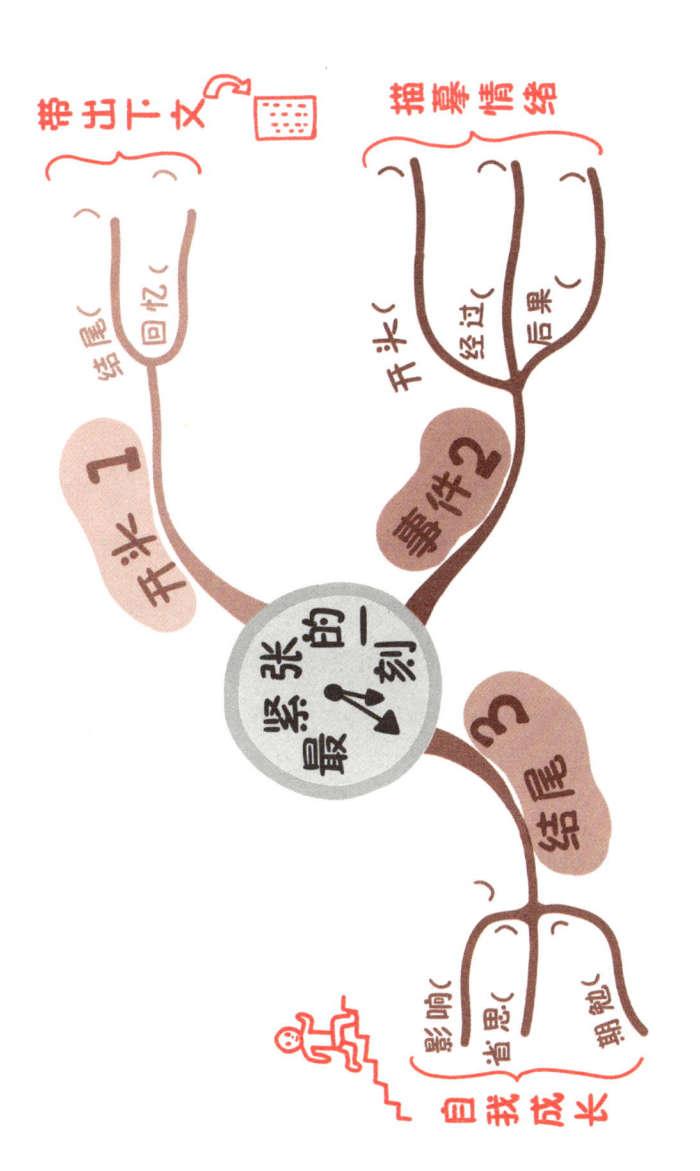

提示：可试着将这个思维导图再加以扩充，往下再细分一层。

PART 3
大自然好好玩
描写景物

观念大声说

▶什么是写景文？

记叙文当中的写景文，是描写大自然中的各种景物，包括山川江河、日月星辰等静态的景物，以及四季流转、物换星移、万物生长等动态的变化。

由于事件和人物的活动都是在特定的"空间"才能进行，所以不管是哪一类文章，都会加入"景"做陪衬，起到营造气氛、烘托人物的作用。比如，写人物悲伤就用乌云蔽日，写合家出游就用花海或草原。一般记叙文的段落结构，都是依照事件的发展来写，景物的描绘被穿插其中，变成作文的主题，或起着烘托的效果。

记叙文的结构

段　落	一	二	三	四
内　容	点出起因	发展过程	高潮转折	结果感想

▶描写景物有哪些方法？

描写景物，可以体现文章所蕴含的思想感情，使读者仿佛身临其境。但如果只是单纯地描写景物，就会像拍照，只是把景物"依样画葫芦"地拍摄下来，缺少动人的力量。因此，我们必须用各种感官去观察景物的特点，运用细腻的描写，才能赋予景物

"灵魂"。

以下将描写景物的方法分为主次分明、由物到景、涂抹色彩、注入感情、景景相连、动静交织、情景交融七种。

1.主次分明

一部影片当中,重点是主角,作文也同理,要在主要的段落中,先描绘文章的"主要景色",接着用"次要景色"来衬托,这样可以让景物的层次分明。比如主要描写摩天大楼,就用旁边比较低矮的公寓来烘托摩天大楼的雄伟。

2.由物到景

"景"是"物"的扩大,所以要想在文章中勾勒出景中的物,就要通过每个物的位置及排列,串成一幅别致的图画。例如通过对几棵树木的细节描绘和对远方山的描写,再加上花朵的点缀,便构成了一幅风景画。

3.涂抹色彩

大自然的景致是多姿多彩的,所以描写景物时,用字不应太过简单、朴素,而是要多多运用带有色彩的比喻与形容词。比如范仲淹的词《苏幕遮·怀旧》:"碧云天,黄叶地,秋色连波,波上寒烟翠。"在文字中"涂抹"色彩,书写的景物才能丰富而不落俗套。

4.注入感情

"写景"和"状物"一样,也能托物言志,在文章中借着景物来寄托作者的感情,写出人们内在的心境和感受,引起读者共鸣,使情景交融。例如刘长卿的《送灵澈上人》:"苍苍竹林寺,杳杳钟声晚。荷笠带夕阳,青山独归远。"通过竹林寺周遭的青山、夕阳、人物,衬托出灵澈上人潇洒出尘的高致和作者的惜别之情。

5.景景相连

写景时，如果需要转换景色的焦点，就要按照空间的次序一一下笔，这样，焦点的变化才会自然而疏落有致。先分出主要和次要的景物，再按文章的需要，对景物加以选择、安排，主要景物细细刻画，次要景物概括描写，便有了景景相连的层次感。

6.动静交织

描写景物时要动静交织，不仅要有静态的背景色调，还要用动态来表现生命的灵动。如果只写静态的自然景物，容易流于单调，加入一点动态的变化，就可以使景物具有动感。例如，描写溪水的"静"，也不忘描写鱼儿的"动"。制造动态的方法很简单，可以把时间拉长，描述景物的变化，也可以添加声音、动作或自然生态，让景物动起来。

7.情景交融

"一山一水总关情",单纯地写景,景物会缺乏生命;如果景中有"情",就能够意趣盎然。虽然游记文章的内容重在寻幽访胜,难免会将描绘山水当作文章的焦点,但如果能够寓情于景,加上人对自然的情感与感触,就能赋予景物"灵魂",从而在万物中获得人生哲理。

名篇选读

1. 春 / 朱自清

▶ **经典原文**

盼望着,盼望着,东风来了,春天的脚步近了。

一切都像刚睡醒的样子,欣欣然张开了眼。山朗润①起来了,水涨起来了,太阳的脸红起来了。

小草偷偷地从土里钻出来,嫩嫩的,绿绿的。园子里,田野里,瞧去,一大片一大片满是的。坐着,躺着,打两个滚,踢几脚球,赛几趟跑,捉几回迷藏。风轻悄悄的,草软绵绵的。

桃树、杏树、梨树,你不让我,我不让你,都开满了花赶趟儿②。红的像火,粉的像霞,白的像雪。花里带着甜味儿;闭了眼,树上仿佛已经满是桃儿、杏儿、梨儿。花下成千成百的蜜蜂嗡嗡地闹

---

① 朗润:明朗有光泽的样子。
② 赶趟儿:凑热闹或适逢所需的意思。

着，大小的蝴蝶飞来飞去。野花遍地是：杂样儿①，有名字的，没名字的，散在草丛里，像眼睛，像星星，还眨呀眨的。

"吹面不寒杨柳风"②，不错的，像母亲的手抚摸着你。风里带来些新翻的泥土的气息，混着青草味儿，还有各种花的香，都在微微润湿的空气里酝酿。鸟儿将窠巢③安在繁花嫩叶当中，高兴起来了，呼朋引伴地卖弄清脆的喉咙，唱出宛转④的曲子，与轻风流水应和着。牛背上牧童的短笛，这时候也成天在嘹亮地响。

雨是最寻常的，一下就是三两天。可别恼。看，像牛毛，像花针，像细丝，密密地斜织着，人家屋顶上全笼着一层薄烟。树叶子却绿得发亮，小草也青得逼你的眼。傍晚时候，上灯了，一点点黄晕的光，烘托出一片安静而和平的夜。乡下去，小

---
① 杂样儿：各式各样的。
② 吹面不寒杨柳风：指春风从杨柳树上迎面吹来也不觉寒冷。为南宋僧人志南的诗，全诗是："古木阴中系短篷，杖藜扶我过桥东。沾衣欲湿杏花雨，吹面不寒杨柳风。"
③ 窠巢：鸟巢。窠，音kē。
④ 宛转：形容声音悦耳动人。

路上，石桥边，有撑起伞慢慢走着的人；还有地里工作的农夫，披着蓑，戴着笠①的。他们的草屋，稀稀疏疏的，在雨里静默着。

天上风筝渐渐多了，地上孩子也多了。城里乡下，家家户户，老老小小，他们也赶趟儿似的，一个个都出来了。舒活舒活筋骨，抖擞抖擞精神②，各做各的一份事去。"一年之计在于春"③，刚起头儿，有的是工夫，有的是希望。

春天像刚落地的娃娃，从头到脚都是新的，他生长着。

春天像小姑娘，花枝招展的，笑着，走着。

春天像健壮的青年，有铁一般的胳膊和腰脚，他领着我们上前去。

---

① 蓑、笠：蓑，音 suō，用草或棕榈叶做成的雨衣。笠，音 lì，用竹皮或竹叶编成，可以挡雨遮阳的帽子。
② 抖擞精神：奋发、振作，有生气。
③ 一年之计在于春：勉励人要把握时机，早做安排。南朝梁的萧绎《纂要》云："一年之计在于春，一日之计在于晨。"

▶ **认识名家**

朱自清（1898—1948），原名朱自华，字佩弦，号实秋，浙江绍兴人。北京大学毕业，曾任清华大学中文系教授、系主任，现代散文家、诗人、学者、民主战士。朱自清的散文有极高的艺术价值，风格清新细腻，真挚深刻，感人肺腑。其中艺术成就较高的是《背影》《荷塘月色》《绿》《春》等散文，被认为是白话美文的典范。

朱自清不仅擅长描写，还在描写中达到了情景交融的艺术境界，写景尤其出色，文字精雕细琢，驾驭文字的能力非常高超，运用白话描写景致也充满了魅力。作品有散文《匆匆》《春》《欧游杂记》《你我》《绿》《背影》《荷塘月色》等，诗集《雪朝》，诗文集《踪迹》，文艺论著《诗言志辨》《论雅俗共赏》等。其独特的美文风格，为中国现代散文增添了色彩。

▶ **题解**

《春》出自《朱自清全集》。描写的是朝气蓬勃的春天，传达出作者对春天的喜爱，也是朱自清内心世界的真实写照。在这篇充满诗意的文章中，蕴藏了作者在特定时期的思想、情感、人生乃至人格追求，表现出作者内在深厚的传统文化积累和他对自由境界的向往。文章大量运用修辞技巧，主题明确，语言优美。

PART 3
大自然好好玩：描写景物

▶ 思维导图

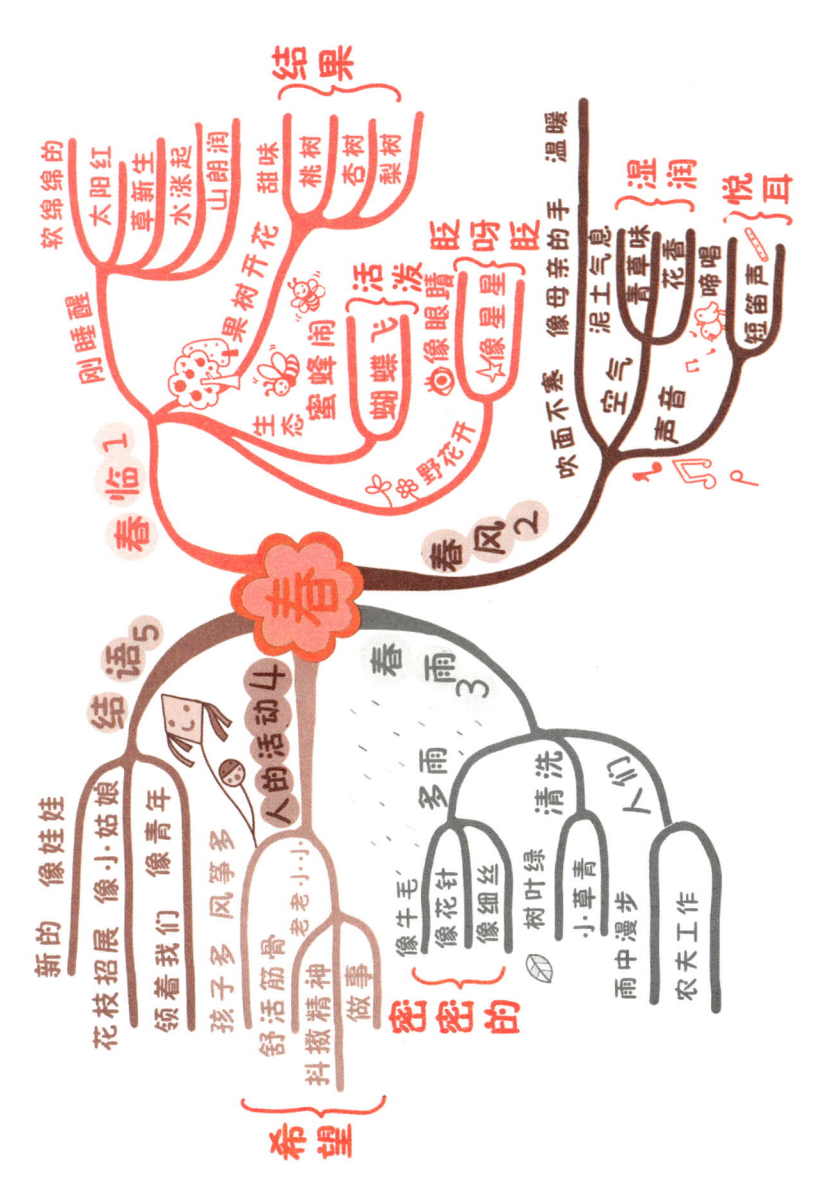

春

1. 春临
- 软绵绵的
- 刚睡醒
- 太阳红
- 草新生
- 水涨起
- 山朗润
- 果树开花
  - 甜味
  - 结果：桃树、杏树、梨树
- 生态
  - 蜜蜂闹
  - 蝴蝶飞（像眼睛）泼辣
  - 像星星 眨呀眨
  - 野花开

2. 春风
- 吹面不寒
- 空气（像母亲的手 温暖）
- 泥土气息
- 青草味 湿润
- 花香
- 声音 鸟唱 悦耳
- 笛声

3. 春雨
- 多雨
- 密密的
  - 像牛毛
  - 像花针
  - 像细丝
- 树叶青
- 小草青
- 清洗
- 人们
  - 雨中漫步
  - 农夫工作

4. 人的活动

5. 结语
- 像娃娃 新的 花枝招展
- 像小姑娘 领着我们
- 像青年 孩子多 风筝多
  - 舒活筋骨
  - 抖擞精神
  - 做事
- 希望：老小小

▶ **解读思维导图：春**

朱自清的散文《春》，所描绘的景物充满了跃动的活力与生命的灵气，从不同的角度展现了他对春天的喜爱，犹如一篇春的赞歌。

"盼望着，盼望着"，**叠句**使春天的来临显得迅疾有力，仿佛是说：经历了阴暗的冬天，光明终于降临到了眼前，怎能按捺住欢欣鼓舞的心情？接着，作者仔细地观察了初春的山、水和太阳，"山朗润起来了"，形容积雪消融、嫩草新绿的清爽和滋润。而"太阳的脸红起来了"，则是将太阳**拟人化**，既表现了春阳的温暖，更表现出太阳的"活泼"，由**粗笔**勾勒出春天的轮廓，好为下文的**细描**预作铺陈。

"刚睡醒的样子，欣欣然张开了眼"，都是初春的景象，一个欣欣向荣、多姿多彩的春天，就在我们的眼前跃动。地上是大片嫩绿色的小草，田野上是盛开的桃树、杏树、梨树，在花团锦簇当中，飞舞的是成群的蜜蜂与蝴蝶。晴朗的天空，吹着暖和的杨柳风，夹带着土香、草香、花香，飘扬着各种鸟儿动听的啼叫，以及牧童嘹亮的笛声，作者将大自然给**诗化**了。人们可以卸掉一切压力与负担，投入春的世界，就像孩子接受母亲的抚爱一样温暖。

在文章中段，用了许多文字描绘**迎春**的喜悦。人们在绿草如茵的地上打滚、踢球、赛跑、游戏，尽情体验生命的活泼与自由。作者运用了所有的**感官**，如视觉、嗅觉、听觉等，去享受大自然的美好，也体验生命的美好。在这一片美的自然中，他深切地体验到生命的自由、活力和灿烂，展现了赤子般的情怀和纯真的性情。

文章的后半部，欢快的调子突然转为舒缓而沉静。绵绵的春雨落下了，晚景升起，那些为了生活而行色匆匆的人，以及辛勤工作的农夫，使恬静的春景巧妙地转换成一幅现实图画，我们也跟着从如梦似幻的世界回到了人间。"舒活舒活筋骨，抖擞抖擞精神，各做各的一份事去""'一年之计在于春'，刚起头儿，有的是工夫，有的是希望"，作者书写的，除了是那群忙碌奔波的人，更是自己的心境和希望。

结尾令人意想不到，连用三个**比喻**：用新生的娃娃、美丽的姑娘、健壮的青年来形容春天，让文章原本舒缓、沉静的调子，又转为刚健、清新，充满希望，与开头营造出来的明朗氛围互相**呼应**，使得文章浑然一体。于是，春天的"新、美、力"，仿佛注入了读者的内心，我们跟着文字融入春天，在春天的引领下迈步向前，获得了新生。

描写细腻，富于情致，是这篇文章的特点。以"盼春"作为开端，"迎春"出现在中间热闹的场景，末尾的"随春"，则反映作者对自由境界的向往，这与徐志摩的散文《翡冷翠山居闲话》在思想上有异曲同工之妙。朱自清用心灵感受春天，将情感倾注其中，通过比喻、拟人等艺术手法，使景物变得鲜活生动，形象逼真，于朴实清新中留有隽永的韵味。

学习贴士

▶ 文学小知识

1.**复叠**：是将同一个字、词重叠使用，或反复使用同一个句子的修辞法，可增强文句气势、表现旋律美，有叠字、类字、叠句、类句等。如："盼望着，盼望着"（叠句）、"嫩嫩的，绿绿的"（叠字）、"风轻悄悄的，草软绵绵的"（叠字）、"舒活舒活筋骨，抖擞抖擞精神"（叠词+对仗）等。

2.**拟人**。如："春天的脚步近了"、"太阳的脸红起来了"、"小草偷偷地从土里钻出来"、"像星星，还眨呀眨的"（拟人+比喻）、"鸟儿将窠巢安在繁花嫩叶当中，高兴起来了，呼朋引伴地卖弄清脆的喉咙"（拟人+听觉）等。

3.**比喻**。如："一切都像刚睡醒的样子，欣欣然张开了眼"、"红的像火，粉的像霞，白的像雪"（比喻+排比）、"像眼睛，像星星，还眨呀眨的"（比喻+拟人）、"像母亲的手抚摸着你"、"像牛毛，像花针，像细丝，密密地斜织着"（比喻+排比），以及文末三段"春天像刚落地的娃娃……春天像小姑娘……春天像健壮的青年……"（比喻+排比）等。

4.**引用**。如："吹面不寒杨柳风""一年之计在于春"。

5.**感官描写**。如："风里带来些新翻的泥土的气息，混着青草味儿，还有各种花的香，都在微微润湿的空气里酝酿。"（嗅觉）、"树叶子却绿得发亮，小草也青得逼你的眼。"（视觉）等。

▶ 漫画经典

盼望着,盼望着,东风来了,春天的脚步近了。

风里带来新翻的泥土的气息,还有鸟儿啼。

雨密密地斜织着,人家屋顶上全笼着一层薄烟。

春天像健壮的青年,他带领着我们上前去。

▶ **文学游戏场**

一、阅读素养

（　）1. 《春》的艺术特色，以下哪个不对？

（A）诗情与画意的结合，和谐地创造情景交融的境界。

（B）运用倒装句法，使句子读起来像诗。

（C）在层次井然中有节奏地转换，由明朗、沉静又回归明朗。

（D）语言朴实、隽永，善于提炼通俗易懂、生动形象的口语。

（　）2. 《春》这篇散文，反映了作者的什么心境？

（A）眷恋美景、耽溺人生的美好。

（B）只有春天才能带给作者一些希望。

（C）对于走向光明的未来充满期待。

（D）间接反映作者生活的艰困与不自由。

二、向大师学写作

作文题目：

> 春天是一年的开始,万物将冬天蕴藏的能量在春天付诸实践,春天又象征着新生与希望。人们在春天用全新的自己和满满的勇气,面对未来的挑战。请你从生活中取材,以"春天"为题,描写春天的季节特色和对春天的感受。

作文提示：

审题：重点描写季节的特色,包括春天的人、事、物,都可当作书写的范围。从春天的时序来构思,春天来临前、来临时和暮春时分,景物都会有所不同。开头：用时间法,从事件发生的时间(例如春天的早晨)写起,拉开文章的帷幕,使读者容易进入情境。经过：用对比法,通过两三个不同事物间的比较,突显各自的特点,比如对比红色的花、绿色的叶,蓝天、白云,睡懒觉的猫、活泼的孩子等闹春景象,描述气候、温差等变化。结尾：使用前后呼应法,让结尾的文义与开头互相辉映,例如用"到了明天,又是一个春天的早晨!"再次强调春天来临。

三、思维导图练习

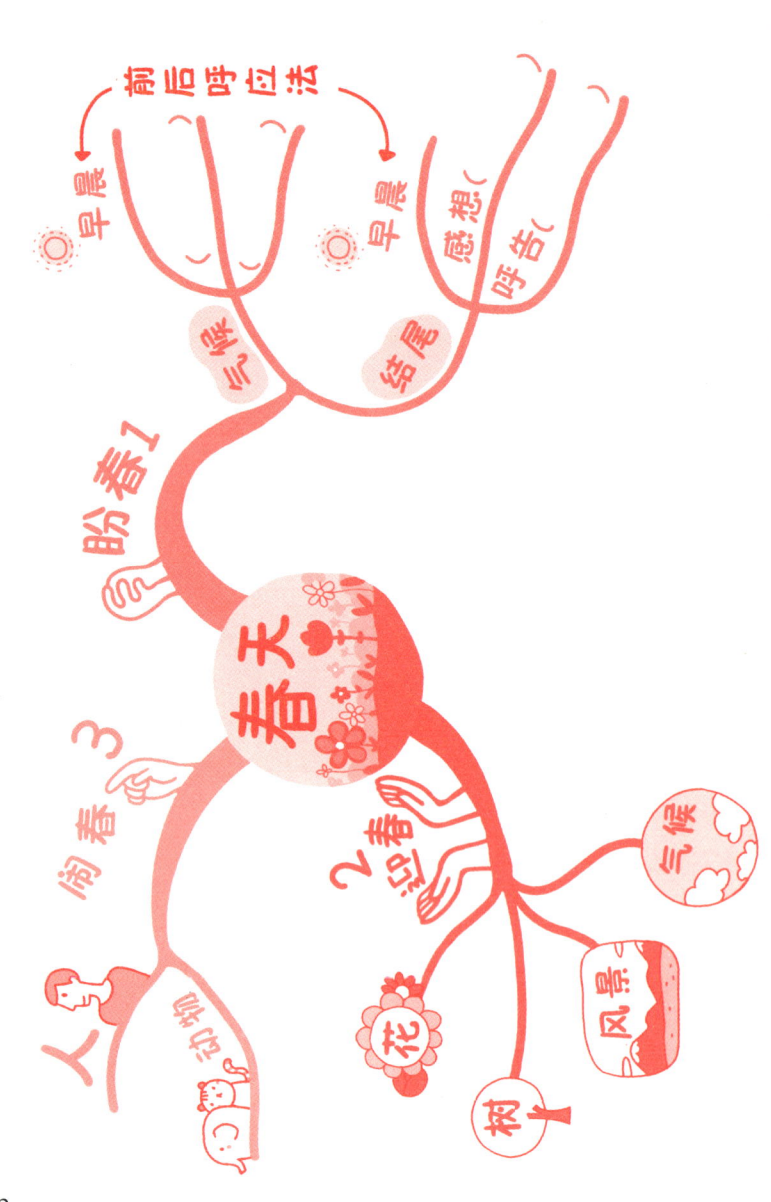

前后呼应法

盼春 1
- 气候
  - 早晨
- 结尾
  - 早晨
  - 感想
  - 呼告

春天

迎春 2
- 气候
- 风景
- 花
- 树

闹春 3
- 人
- 动物

提示：以人们的活动分成盼春、迎春、闹春三个层次。文章的开头与结尾都是"盼春"，为前后呼应法。

名篇选读

2. 白水漈 / 朱自清

▶ 经典原文

几个朋友伴我游白水漈①。

这也是个瀑布；但是太薄了，又太细了。有时闪着些须②的白光；等你定睛看去，却又没有——只剩一片飞烟而已。从前有所谓"雾縠"③，大概就是这样了。所以如此，全由于岩石中间突然空了一段；水到那里，无可凭依，凌虚④飞下，便扯得又薄又细了。当那空处，最是奇迹。白光嬗⑤为飞烟，已是影子；有时却连影子也不见。有时微风过来，用纤手挽着那影子，它便袅袅⑥的成了一个软弧；但她的手才松，它又像橡皮带儿似的，立刻伏伏贴贴的缩回来了。我所以猜疑，或者另有双不可知的巧

---

① 白水漈：位于浙江省温州市永嘉县瓯北镇白水村，以飞瀑的独特形象深受游人喜爱。漈，音 jì。
② 些须：少许，一点儿。
③ 雾縠：如薄雾般轻软的细纱或轻纱般的薄雾。縠，音 hú。
④ 凌虚：凌驾云霄。
⑤ 嬗：音 shàn，更替，演变。
⑥ 袅袅：音 niǎo niǎo，形容轻盈柔弱。

手，要将这些影子织成一个幻网。——微风想夺了她的，她怎么肯呢？

幻网里也许织着诱惑；我的依恋便是个老大的证据。

▶ 认识名家

朱自清。参见P104。

▶ 题解

《白水漈》出自《朱自清全集》，描写了白水漈瀑布的细和薄，以一连串的比喻，形容凌虚而下的瀑布。通过这些美妙的形容，细腻地道出瀑布在微风中的形态及种种吸引人之处。朱自清主张"写实"，"写实"就必须深入观察，运用想象力追求创新。他曾说："于一言一动之微，一沙一石之细，都不轻易放过。"本文完全展现出其写作细腻的功夫。

▶ 解读思维导图：白水漈

《白水漈》为朱自清的散文《温州的踪迹》之一则，文章的独特之处在于，仅用了几百字，就将乍看觉得平凡无奇的白水漈瀑布描述得真切感人。文章可以分为两个部分来谈：首先是作者针对白水漈瀑布进行层次不同的描述，这是文章的主体；其

PART 3
大自然好好玩：描写景物

▶ 思维导图

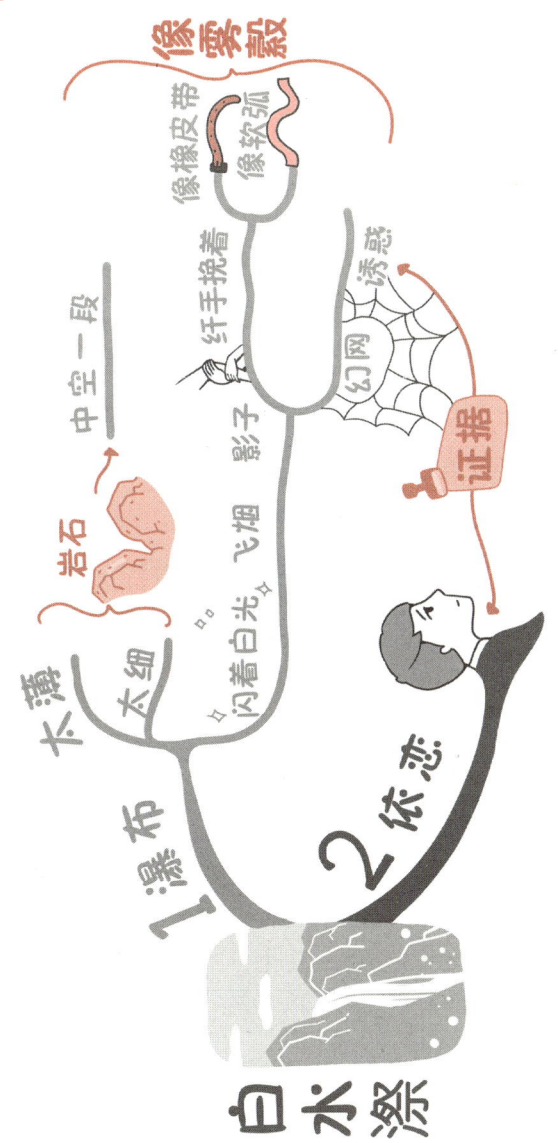

白水漈

1. 瀑布
   - 太薄
   - 太细
   - 岩石（中空一段）
   - 闪着白光
   - 飞烟
   - 影子
   - 纤手挽着
     - 像橡皮带
     - 像软弧
     - 像零纨

2. 依恋
   - 幻网
   - 诱惑
   - 证据

次是作者对白水漈瀑布产生的情感和依恋。

文章在开头先交代写作的动机——朱自清和朋友一起去欣赏白水漈,第二段才是文章的主要部分,全用来描述瀑布。首先,抓住"水"的特色,用粗笔概括来写"这也是个瀑布;但是太薄了,又太细了"。意思是说,"又薄又细"是白水漈最独特的地方,和别的瀑布不同。接着,开始细腻地描写瀑布"薄""细"的情状,例如"闪着些须的白光""只剩一片飞烟""雾縠"等,这些词句都带给人具体的想象。但是作者在这时抛出了一个疑问:为什么白水漈的水又薄又细呢?探究原因,原来是"全由于岩石中间突然空了一段;水到那里,无可凭依,凌虚飞下,便扯得又薄又细了"。由物理常识可知,水流会因为岩石的形状而改变形状,因此出现了薄、细的奇特现象。作者描绘的技巧相当传神,其中"凌虚飞下"一词,恰切、空灵,妙不可言。

然后,文章又抓住了岩石的"空处",开始描述岩石对水流的影响。当瀑布流经岩石时,中间空了一段,突然无所凭依,所以"白光嬗为飞烟,已是影子;有时却连影子也不见"。液态的水遇到撞击,转化为四溅的"烟",又转化为无形的"影",有层次的写法,将如烟似雾的水色描绘得形象鲜明,而"嬗"字的使用,同时联结了几种水的变化,更具有炼字之妙。

然而作者走笔至此,仍然意犹未尽,他抓住了"烟"和"影"继续以工笔细描,并且发挥想象力,将水雾、水影、水流给拟人化了:"有时微风过来,用纤手挽着那影子,它便袅袅的成了一个软弧；但她的手才松，它又像橡皮带儿似的，立刻伏伏贴贴的缩回来了。"水流一碰到微风的"手"，便会转弯、变形，形成弧状，这是自然现象，作者却能描述得极具艺术美感，语言新奇、贴切，全是精心锤炼的口语，使读者跟着陶醉在细腻的文字中，也耽溺在白水漈的温柔里。朱自清笔下的瀑布奇特幻妙，我们也情不自禁地跟作者一样，对白水漈心向往之，被它的美诱惑住了，也对它产生了依恋。虽然这是一篇作者与朋友出游的游记，但我们也通过作者的文字，观赏到白水漈之美，心灵为之悸动，这与作者细腻的观察和深切的感悟有关。我们在欣赏文章之余，也在写作上受到了启发：学习抓住事物的特点去写，文字才有感动人心的力量。

学习贴士

▶文学小知识

1.**视觉描写**。如："有时闪着些须的白光；等你定睛看去，却又没有——只剩一片飞烟而已。"

2.**转化**：是将抽象的事物或观念，当成具体的人、事、物来描写。如："水到那里，无可凭依，凌虚飞下，便扯得又薄又细了。""或者另有双不可知的巧手，要将这些影子织成一个幻网。"（以物拟物）

3.**设问**。如："微风想夺了她的，她怎么肯呢？"

▶ **漫画经典**

这也是个瀑布；但是太薄了，又太细了。有时闪着些须的白光。

由于岩石中间突然空了一段，水便扯得又薄又细。

用纤手挽着那影子，它便袅袅的成了一个软弧。

幻网里也许织着诱惑；我的依恋便是个老大的证据。

▶ **文学游戏场**

一、阅读素养

(　　) 1. 朱自清在文中用了"嬗"字，用意为何？
（A）用冷僻字以标新立异。
（B）为了押韵的缘故而使用。
（C）以"嬗"代替"变"，换字以求变化。
（D）用以描述水流、水花、水影的变化。

(　　) 2. 根据《白水漈》的内容，以下哪个正确？
（A）使瀑布又薄又细的原因，是岩石中间空了一段。
（B）水花通过光线反射，看起来犹如一张网。
（C）作者独自一人前往欣赏白水漈。
（D）水流就像橡皮带儿一样，充满弹性。

二、向大师学写作

作文题目：

> 登山是一项有意义的活动，可以磨炼意志，也可以体现毅力。山的雄伟壮丽、登山所付出的辛苦，往往会让人对生命产生体悟。从登山活动中，你可曾体会到什么？请以"登山游记"为题，将你的经验和体会写下来。

作文提示：

审题：游记要想写得好，除了生动地描写景物、细腻地描述过程以外，还要提升文章的高度，为游记赋予较高层次的意义，从中悟出人生的道理，此行才会更有意义。开头：使用空间法，先说明事件发生的地点、空间或地理环境等，作为触发的媒介，然后才开始叙事。经过：用联想法，将笔墨聚焦在某个景物，与自己的情感相结合，才能情景交融。结尾：用引用法，引用相关的诗词、格言来说明自己登山时的体悟。

PART 3
大自然好好玩：描写景物

三、思维导图练习

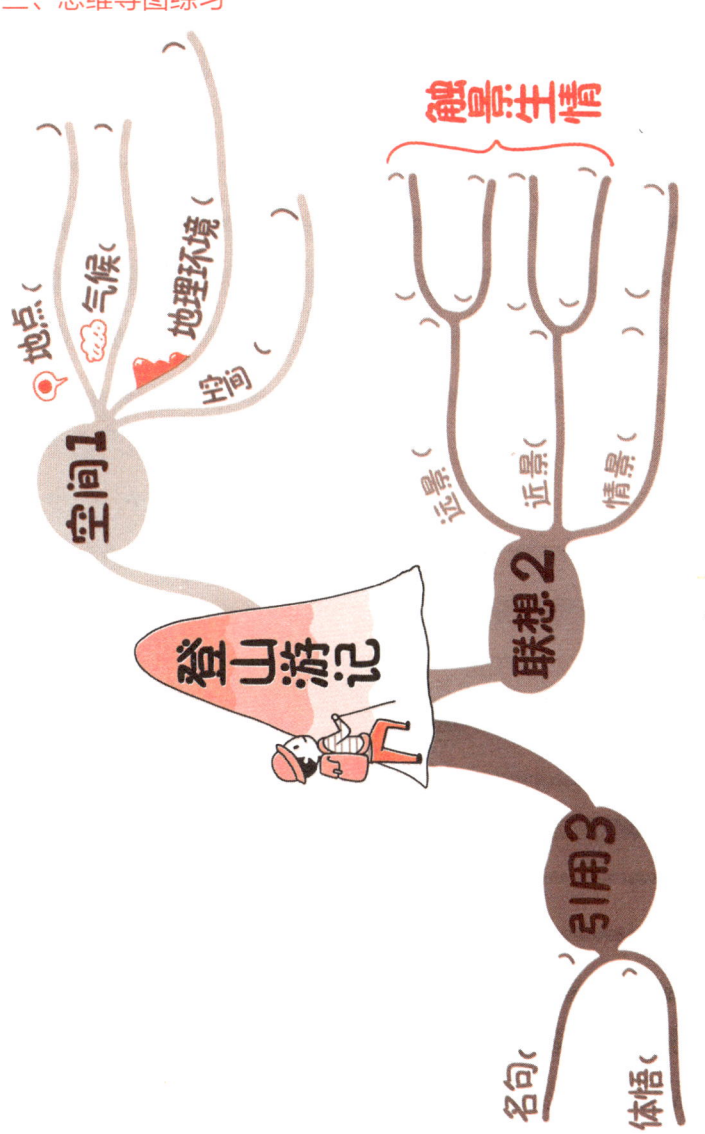

登山游记

- 空间 1
  - 地点
  - 气候
  - 地理环境
  - 时间
- 联想 2（触景生情）
  - 远景
  - 近景
  - 情景
- 引用 3
  - 名句
  - 体悟

提示：写作技巧分成三个层次，"联想"部分细分得更多，是文章需要大量描写的部分。

名篇选读

3. 春雨 / 梁遇春

▶ **经典原文**

  整天的春雨，接着是整天的春阴，这真是世上最愉快的事情了。我向来厌恶晴朗的日子，尤其是骄阳的春天；在这个悲惨的地球上忽然来了这么一个欣欢的气象，简直像无聊赖①的主人宴饮生客时拿出来的那副古怪笑脸，完全显出宇宙里的白痴成分。在所谓大好的春光之下，人们都到公园大街或者名胜地方去招摇过市②，像猩猩那样嘻嘻笑着，真是得意忘形，弄到变成为四不像了。可是阴霾③四布或者急雨滂沱④的时候，就是最沾沾自喜的财主也会感到苦闷，因此也略带了一些人的气味，不像好天气时候那样望着阳光，盛气凌人地大踏步走着，颇

---

① 无聊赖：郁闷，精神空虚。
② 招摇过市：指故意在人多的地方夸耀自己，以引人注意。
③ 阴霾：形容天气暗沉、晦暗。
④ 滂沱：音 pāng tuó，雨势盛大的样子。

有上帝在上，我得其所的意思。至于懂得人世哀怨的人们，黯淡的日子可说是他们唯一光荣的时光。穹苍①替他们流泪，乌云替他们皱眉，他们觉到四围都是同情的空气，仿佛一个堕落的女子躺在母亲怀中，看见慈母一滴滴的热泪溅到自己的泪痕，真是润遍了枯萎的心田。斗室中默坐着，忆念十载相违②的密友、已经走去的情人，想起生平种种的坎坷③、一身经历的苦楚，倾听窗外檐前凄清的滴沥，仰观波涛浪涌、似无止期的雨云，这时一切的荆棘都化作洁净的白莲花了，好比中古时代那班圣者被残杀后所显的神迹。

"最难风雨故人来"④，阴森森的天气使我们更感到人世温情的可爱，替从苦雨凄风中来的朋友倒上一杯热茶的时候，我们很有放下屠刀，立地成佛子的心境。"风雨如晦，鸡鸣不已"⑤，人类真是只

---

① 穹苍："苍穹"，上苍，天空。穹，音 qióng。
② 相违：保持距离。此指距离很远、久不见。
③ 坎坷：音 kǎn kě，比喻人潦倒不得志。
④ 最难风雨故人来：有朋友在风雨交加时节前来探望，最是人生快事。语出清代学者孙星衍之联句："莫放春秋佳日过，最难风雨故人来。"
⑤ 风雨如晦，鸡鸣不已：风雨交加天色昏暗的早晨，雄鸡啼叫不止。出自《诗经·郑风·风雨》："风雨如晦，鸡鸣不已。既见君子，云胡不喜。"

有从悲哀里滚出来才能得到解脱，千锤百炼，腰间才有这一把明晃晃的钢刀，"今日把示君，谁为不平事"①"山雨欲来风满楼"②，这很可以象征我们孑立③人间，尝尽辛酸，远望来日大难的气概，真好像思乡的客子拍着阑干，看到郭外的牛羊，想起故里的田园，怀念着宿草④新坟里当年的竹马之交⑤，泪眼里仿佛模糊辨出龙钟⑥的父老蹒跚⑦走着，或者只瞧见几根靠在破壁上的拐杖的影子。

所谓生活术恐怕就在于怎么样当这么一个临风的征人罢。无论是风雨横来，无论是澄江一练⑧，始终好像惦记着一个花一般的家乡，那可说就是生平理想的结晶，蕴在心头的诗情，也就是明哲保身的最后壁垒了；可是同时还能够认清眼底的江

---

① 今日把示君，谁为不平事：今日取剑展示给你，若是谁有不平之事，我必为其效力。唐朝贾岛《剑客》诗："十年磨一剑，霜刃未曾试。今日把示君，谁为不平事？"
② 山雨欲来风满楼：比喻局势将有重大变化前夕的迹象和气氛。唐朝许浑《咸阳城东楼》诗："溪云初起日沉阁，山雨欲来风满楼。"
③ 孑立：孤身一人。孑，音 jié。
④ 宿草：隔年的草。
⑤ 竹马之交：比喻幼年时的朋友。
⑥ 龙钟：年老体衰行动不便的样子。
⑦ 蹒跚：音 pán shān，形容步伐不稳、歪歪斜斜的样子。
⑧ 澄江一练：形容江面如柔软洁白的丝绢。

山，把住自己的步骤，不管这个异地的人们是多么残酷，不管这个他乡的水土是多么不惯，却能够清瘦地站着，戛戛然①好似狂风中的老树。能够忍受，却没有麻木，能够多情，却不流于感伤，仿佛楼前的春雨，悄悄下着，遮住耀目的阳光，却滋润了百草同千花。檐前的燕子躲在巢中，对着如丝如梦的细雨呢喃，真有点像也向我道出此中的消息。

可是春雨有时也凶猛得可以，风驰电掣，从高山倾泻下来也似的，万紫千红，都付诸流水，看起来好像是煞风景的，也许是别有怀抱吧。生平性急，一二知交常常焦急万分地苦口劝我，可是暗室扪心②，自信绝不是追逐事功的人，不过对于纷纷扰扰的劳生却常感到厌倦，所谓性急无非是疲累的反响吧。有时我却极有耐心，好像废殿上的玻璃瓦，一任他风吹雨打，霜蚀日晒，总是那样子痴痴地望着空旷的青天。

---
① 戛戛然：艰难费力的样子。戛，音 jiá。
② 扪心：抚摸胸口，表示自思自省。扪，音 mén。

我又好像能够在没字碑面前坐下，慢慢地去冥想这块石板的深意，简直是个蒲团已碎，呆然趺坐着的老僧，想赶快将世事了结，可以抽身到紫竹林中去逍遥，跟把世事撇在一边，大隐隐于市①，就站在热闹场中来仰观天上的白云，这两种心境原来是不相矛盾的。我虽然还没有，而且绝不会跳出人海的波澜，但是拳拳②之意自己也略知一二，大概摆动于焦躁与倦怠之间，总以无可奈何天③为中心吧。所以我虽然爱蒙蒙茸茸的细雨，我也爱大刀阔斧的急雨，纷至沓来④，洗去阳光，同时也洗去云雾，使我们想起也许此后永无风恬日美的光阴了，也许老是一阵一阵的暴雨，将人世哀乐的踪迹都漂到大海里去，白浪一翻，什么渣滓也看不出了。焦躁同倦怠的心境在此都得到涅槃⑤的妙悟，整个世界就像客走

---

① 大隐隐于市：真正有心隐居的人，虽处闹市中，仍不改其心志。被浓缩成成语"大隐朝市"。
② 拳拳：形容恳切。
③ 无可奈何天：难以预料无法逆转的苍天。出自《红楼梦》第五回仙宫房内对联。奈何天：有迷茫、惆怅、天命不可知的意思。出自明朝汤显祖《牡丹亭》的"良辰美景奈何天"。
④ 纷至沓来：形容接连不断地到来。纷，众多。沓，音 tà，重复。
⑤ 涅槃：音 niè pán，佛教修行者的终极理想。为梵语"nirvāna"的音译。意译为灭、灭度、寂灭，指灭一切贪、嗔、痴的境界。因为所有的烦恼都已灭绝，所以永不再轮回生死。一般也用来尊称出家人去世。

后撒下筵席，洗得顶干净排在厨房架子上的杯盘。当个主妇的创造主看着大概也会微笑吧，觉得一天的工作总算告终了。最少我常常臆想^①这个还了本来面目的大地。

可是最妙的境界恐怕是尺牍^②里面那句滥调，所谓"春雨缠绵"吧。一连下了十几天的梅雨，好像再也不会晴了，可是时时刻刻都有晴朗的可能。有时天上现出一大片的澄蓝，雨脚也慢慢收束了，忽然间又重新点滴凄清起来，那种捉摸不到，万分别扭的神情真可以做这个哑谜一般的人生的象征。记得十几年前每当连朝春雨的时候，常常剪纸作和尚形状，把他倒贴在水缸旁边，意思是叫老天不要再下雨了，虽然看到院子里雨脚下一粒一粒新生的水泡我总觉到无限的欣欢，尤其当急急走过檐前，脖子上溅几滴雨水的时候。

可是那时我对于春雨的情趣是不知不觉之间领略到的，并没有凝神去寻找，等到知道怎么样去欣

---

① 臆想：幻想。臆，音 yì。
② 尺牍：本指古代书写用的木简，后借指书信。牍，音 dú。

赏恬适的雨声时候，我却老在干燥的此地做客，单是夏天回去，看看无聊的骤雨，过一过雨瘾罢了。因此"小楼一夜听春雨"①的快乐当面错过，从我指尖上滑走了。盛年时候好梦无多，到现在彩云已散，一片白茫茫，生活不着边际，如堕五里雾中②，对于春雨的怅惘只好算作内中的一小节吧，可是仿佛这一点很可以代表我整个的悲哀情绪。但是我始终喜欢冥想春雨，也许因为我对于自己的愁绪很有顾惜爱抚的意思；我常常把陶诗改过来，向自己说道："衣沾不足惜，但愿恨无违。"③我会爱凝恨也似的缠绵春雨，大概也因为自己有这种的心境吧。

▶ **认识名家**

梁遇春（1906—1932），福建闽侯人。现代作家，是早逝的天才。他是20世纪20至30年代散文界的一颗明星，其笔调抒

---

① 小楼一夜听春雨：只身于小楼中，听春雨淅淅沥沥下了一夜。出自宋朝陆游《临安春雨初霁》："世味年来薄似纱，谁令骑马客京华？小楼一夜听春雨，深巷明朝卖杏花。矮纸斜行闲作草，晴窗细乳戏分茶。素衣莫起风尘叹，犹及清明可到家。"
② 如堕五里雾中：好像坠入极大的云雾中。
③ 衣沾不足惜，但愿恨无违：作者改自东晋陶渊明《归田园居·其三》："种豆南山下，草盛豆苗稀。晨兴理荒秽，带月荷锄归。道狭草木长，夕露沾我衣。衣沾不足惜，但使愿无违。"这里意思是，衣服湿了不可惜，只要不让自己遗憾就好。恨，遗憾。

情中有理性，蕴含博识和睿智，对现代散文艺术有着很大的贡献。他于1924年进入北京大学英文系深造，毕业后曾到上海暨南大学教书，翌年返回北京大学图书馆工作。1932年不幸得急性猩红热病逝，死时年仅二十七岁。

梁遇春在大学时，就开始翻译西方文学作品，兼写散文。译著多达二三十种，大部分是英国作品，其中《英国小品文选》《英国诗歌选》影响较大。散文则从1926年开始便陆续发表，绝大部分收在《春醪集》《泪与笑》等书中。散文只留下约三十七篇，独具风格。文章多谈自己所经历的各种感情及社会和大自然的现象；他的热情与感伤、理性与感性、爱与恨，都在字里行间表露无遗。

▶ **题解**

《春雨》出自《泪与笑》。作者在文中赞美春雨，无论是细雨，还是急雨，都是他喜欢与热爱的对象。他运用对比手法，将令人愉悦的春阴、春雨与令人厌恶的骄阳对比，又从不同的角度来呈现整天的春雨。他将人的穷富与天气的阴晴对应，笔下的春雨意象就不仅是春雨了，而有了"人生风雨"的弦外之音，是一篇寓意与词采兼具的美文。

▶ **思维导图**

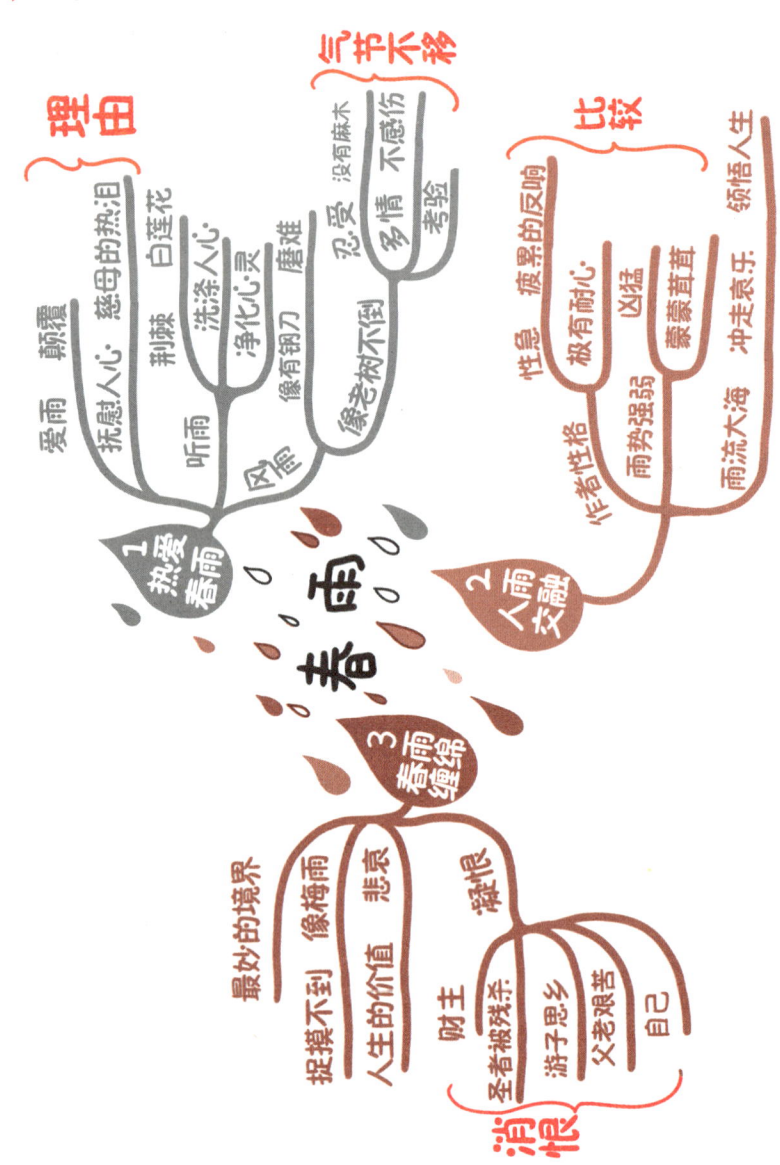

春雨

1 热爱春雨 — 理由
- 爱雨 颤震
- 抚慰人心 — 慈母的热泪
- 听雨 — 荆棘 / 白莲花 / 洗涤人心 / 净化心灵
- 风雨 — 磨难 / 像有钢刀 / 像老树不倒
- 气节不移
- 忍受 — 没有麻木 / 不感伤
- 多情 考验

2 人雨交融 — 比较
- 作者性格 — 性急 / 疲累的反响 / 被有耐心 / 凶猛 / 豪豪且且
- 雨势强弱 — 雨流大海 / 冲走哀乐 / 领悟人生

3 春雨缠绵 — 消恨
- 最妙的境界 — 捉摸不到
- 像梅雨 — 人生的价值
- 悲哀
- 凝恨 — 财主 / 圣者被残杀 / 游子思乡 / 父老艰苦 / 自己

▶ 解读思维导图：春雨

梁遇春的散文可以说是一种"青春写作"，不仅是指作者年轻，更是指创作中特有的风格。辛弃疾说少年是"为赋新辞强说愁"，彷徨、感伤是多数青春写作的特色，但梁遇春散文中的**悲剧感**却是与生俱来的，那种看待生命的独特视角和对宇宙万物的感慨，已经超出了他的年龄，可以说他的散文风格是来自骨子里的忧伤。

下雨对很多人来说，都不是理想的天气，毕竟下雨会带来诸多不便，让人的生活步调改变和身心烦乱，因此，许多文章以"雨过天晴"之类的词语，表达对晴天的盼望、对雨天的厌烦。但是这篇《春雨》却极力地歌颂春雨的来临，作者说"整天的春雨，接着是整天的春阴，这真是世上最愉快的事情了"，还说他"向来厌恶晴朗的日子"，颠覆了一般人对雨天的认知，文章开头就令人眼睛一亮。

作者热爱春雨，是因为他认为"阴霾四布或者急雨滂沱的时候"，"略带了一些人的气味"，所以，雨就像是"慈母一滴滴的热泪"，"润遍了枯萎的心田"，小雨虽柔，却有一种抚慰人心的力量。他也认为，雨可以洗涤人心、净化心灵，有时在雨天"想起生平种种的坎坷、一身经历的苦楚"，聆听着窗外的雨声，"一切的荆棘都化作洁净的白莲花了"。

他又为春雨做出许多有趣的想象，在历经了"风雨"的千锤百炼后，"腰间才有这一把明晃晃的钢刀"，"钢刀"削铁如泥，好比人在历经悲哀与磨难后，如果能气节不移，就能够战无不胜。人心的温暖，也只有在"阴森森的天气"里才能突显出来。也唯有风雨可以考验人的意志，在狂风骤雨中，像一棵老树屹立不倒，"能够忍受，却没有麻木，能够多情，却不流于感伤"。走笔至此，春雨已不仅是春雨了，而是"人生风雨"，有考验、磨难的象征意义。

点出雨的意象之后，文章转为书写"人雨交融"，作者拿自己与春雨比拟。"春雨有时也凶猛得可以"，正如作者"生平性急"，但性急其实只是"疲累的反响"。他有时"极有耐心"，就像"蒙蒙茸茸的细雨"。这里用春雨剖析自己的性格，认为"大概摆动于焦躁与倦怠之间"，所以他爱细雨，也爱急雨，由春雨代替他表达自我。雨水终究要流向大海，岂不如同"将人世哀乐的踪迹都漂到大海里去"？这段书写颇具禅意，也很有顿悟人生的味道，很富有哲理。

最后一段，作者表达了自己对"春雨缠绵"的深刻感受，认为这就是人生"最妙的境界"，像"一连下了十几天的梅雨"，有时候忽然间晴朗，有时又开始下起来，让人"捉摸不到"，仿佛"无常"的命运，这就是"哑谜一般的人生的象征"。他回溯自己小时候，对春雨的情趣并不留神欣赏，直到十几年后懂得欣赏"恬适的雨声"时，却总是待在干燥的地方，等不到连绵的春雨，他不禁喟叹："快乐当面错过，从我指尖上滑走了"。

书写春雨，就是书写人生，人生仿佛春雨般不可捉摸，从春雨中，梁遇春感受到的是悲哀，而悲哀，正是一种人生的价值，这是只有在人世间尝遍酸甜苦辣的人，才能够理解的滋味。文末说"我会爱凝恨也似的缠绵春雨，大概也因为自己有这种的心境吧"，综观全文，可知作者"恨"的是盛气凌人的财主、圣者被残杀、游子思乡、生活艰苦的父老，以及焦躁、倦怠、怅惘的自己，于是，他把消"恨"的希望寄托在"春雨"上，作为文章的结尾。

　　作者运用象征、比喻、对比、引用等多种修辞手法，从不同的角度表达自己的思想和情绪，他深爱着春雨般的人生，也爱春雨带来的种种哀愁与喜乐，字里行间没有一处不是真情。这是写春雨的散文，更是探究人生意义、探究悲哀价值的心灵表白。

学习贴士

▶ 文学小知识

1.**对比**：将两种差异很大的观念或事物，互相比较对照，使特征更明显。如："整天的春雨，接着是整天的春阴"（春雨、春阴）、"可是阴霾四布或者急雨滂沱的时候……不像好天气时候那样望着阳光……"（阴、晴）、"生平性急……有时我却极有耐心……"（性急、耐心）等。

2.**比喻**。如："像猩猩那样嘻嘻笑着""仿佛一个堕落的女子躺在母亲怀中""好比中古时代那班圣者被残杀后所显的神迹""真好像思乡的客子拍着阑干""戛戛然好似狂风中的老树""从高山倾泻下来也似的"等。

3.**联想描写**：从某个和主题相关的事物，经过某种触发，而想到另一个有关事物的心理过程，以带出主题。如："斗室中默坐着，忆念十载相违的密友、已经走去的情人，想起生平种种的坎坷、一身经历的苦楚。"

4.**引用**。如："最难风雨故人来""风雨如晦，鸡鸣不已""今日把示君，谁为不平事""山雨欲来风满楼""春雨缠绵""小楼一夜听春雨"等。

▶ **漫画经典**

整天的春雨,接着是整天的春阴,这真是世上最愉快的事情了。

倾听窗外檐前凄清的滴沥,一切的荆棘都化作洁净的白莲花了。

我像呆然趺坐着的老僧,将人世哀乐的踪迹都漂到大海里去。

我始终喜欢冥想春雨,爱凝恨也似的缠绵春雨。

▶ **文学游戏场**

一、阅读素养

(　　) 1. 作者将自己与春雨比较，用意为何？
　　　（A）将自己与春雨融为一体。
　　　（B）这是拟人写法，说自己就是春雨。
　　　（C）目的是借着春雨剖析自己的性格。
　　　（D）为了由春雨顿悟人生。

(　　) 2. 作者"爱凝恨也似的缠绵春雨"，是因为他有什么样的心境？
　　　（A）愤世嫉俗与悲天悯人的心境。
　　　（B）从磨难中体会悲哀是人生的一种价值。
　　　（C）把消恨的希望寄托在春雨上。
　　　（D）人生如哑谜般不可捉摸。

二、向大师学写作

作文题目：

> 中国的某些地区位于台风经过的路径上，每年的夏、秋两季都会经历几次台风，风势、雨势往往十分惊人，造成人员或财物的损失。想一想：你对台风或是类似的大风大雨，有什么特殊的感受？请以"风雨来临时"为题，就自己的亲身经历详述。

作文提示：

审题：可以从时间上来构思，风雨来以前、来临时、风雨过后，各有不同的景象和故事，可从三阶段分别描述。开头：运用拟声法，若是从学校开始写，可描述宣布提早放学和同学们的反应，交代文章的背景、前因。经过：用写景法配合比喻，将风雨来袭的景象描写出来，以各种比喻形容闪电、狂风、暴雨、街景等，使意象更为丰富。接着描述内心的感受、恐惧、担忧、勇气等。结尾：用余韵法，通过风雨后的宁静和行道树的挺立不屈，体悟人生的道理。

三、思维导图练习

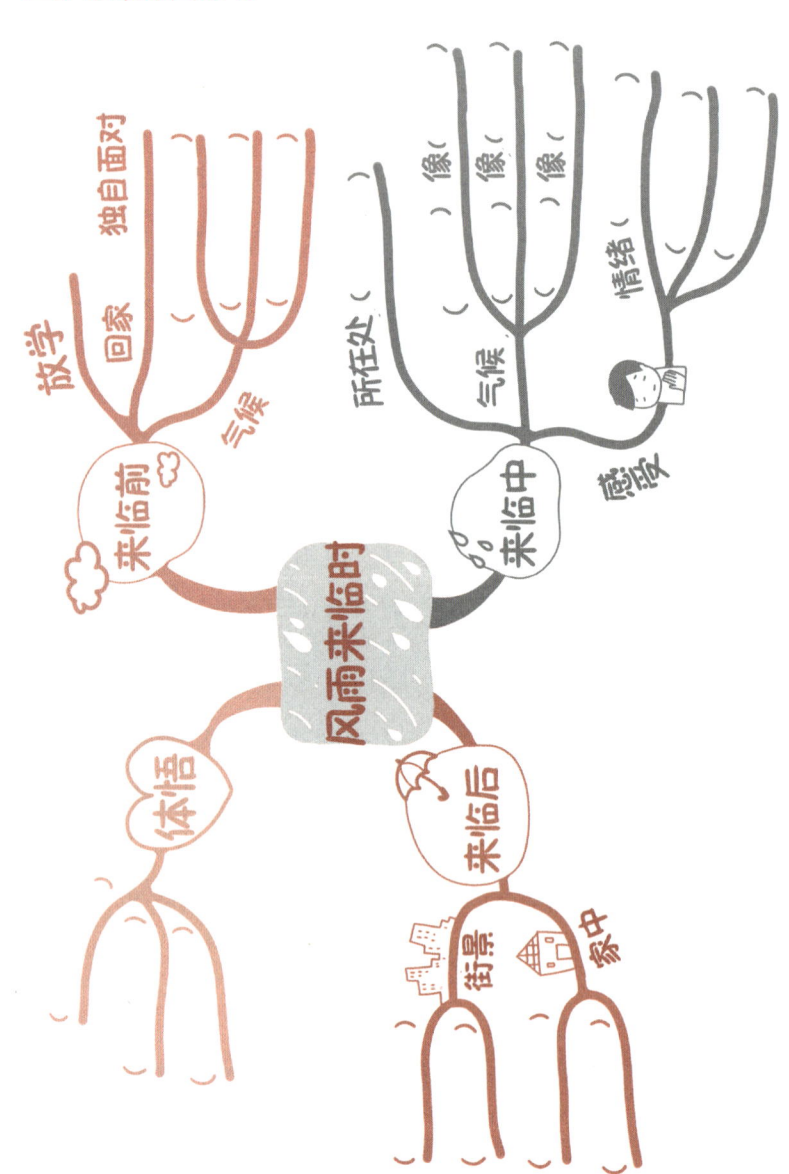

风雨来临时

- 来临前
  - 放学
  - 回家
  - 独自面对
  - 气候
- 来临中
  - 所在处
  - 气候（像……像……像……）
  - 情绪
  - 感受
- 来临后
  - 街景
  - 家中
- 体悟

提示：文章的重点在在风雨"来临中"，支干就必须分得更细。

PART 4
人间万物好好玩
托物言志

观念大声说

▶ 什么是"状物"？

"状"是描摹，把"物"当作写作的主角，或是把"物"当成媒介，借着描摹"物"的情状来写人或情、景。例如，唐代诗人罗隐的《蜂》："不论平地与山尖，无限风光尽被占。采得百花成蜜后，为谁辛苦为谁甜？"就是借着描写蜜蜂来抒发自己的心情。

"物"可分成无生命的物品和有生命的动植物，写法是从"物"的性质和特征，找出"物"内含的意义。但是无论我们把"物"描写得多仔细，最后还是要回归到"人"的情感，不能只单纯描述物体本身，这就是"心若怀情，万物皆有情"的境界。

▶ 该怎么"状物"呢？

"状物"，就是让我们借助某"物"，来带出情感或回忆。"物"经常让我们联想到某个人或事，是情感的象征，所以我们对"物"产生的情感，就是书写的重点。"物"可分为无生命的物品及有生命的植物、动物。"物品"无生命，着重描述其对于你的意义；"植物"着重于对植物的观察和描绘；"动物"则着重在与人的互动上。

写作时，要详细地描绘"物"的特征，作为触发情感的依据。但是只将"物"描绘得栩栩如生还不够，要加上人和事才行。

"人"是"物"的赠送者、买受人和拥有者。比如朋友送了礼物给你，朋友是赠送者，你就是礼物的拥有者；如果你买了一件物品，你就是"物"的买受人。只有将人、事、物融合在一起写的文章，才是文情并茂的好文章。

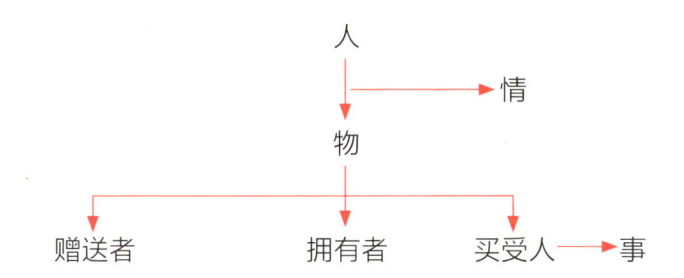

人 + 动物 → 情感

```
        人
        ↓ ────────→ 情
        物
   ↓    ↓    ↓
赠送者 拥有者 买受人 ──→ 事
```

不论你的主题是哪一种"物"，都有赖于平日细腻地观察事物，用心思考，只有这样，文章的内容才会丰富。要把握几项要领，分别是：找出特征，把握关联，运用修辞，由外而内，物与人、事。

1.找出特征

抓住"物"的特征,最有效的方式就是利用各种感官来描写,以视觉写外观、听觉写声音、嗅觉写气味、味觉写味道、触觉写触感。比如朱自清的散文《荷塘月色》描写荷花,是写花的姿态、迷人的清香,再用歌声书写对荷香的感受。

视觉 + 听觉 → 情感

2.把握关联

除了描绘"物"的外表,最重要的还是形容物与人的关系。不论是静态或动态的"物",都是由"人"来购买、收受、使用、畜养与制造的,"物"与"人"如此紧密,文章就应该道出"物"与"人"的联结。比如琦君的散文《一对金手镯》,就是由"金手镯"引出自己对儿时同伴阿月的情感和回忆。

琦君—金手镯—阿月

3.运用修辞

状物时，应多多运用比喻、夸张等修辞，丰富我们的表达，增加读者对"物"的了解。比喻使读者联想到相关的"物"，让想象更具体；夸张可将"物"的特征放大。例如余光中的诗《珍珠项链》："每一粒，晴天的露珠／每一粒，阴天的雨珠／分手的日子，每一粒／牵挂在心头的念珠／串成有始有终的这一条项链／依依地靠在你心口……"将珍珠比喻为露珠、雨珠和念珠，分别代表了与妻子分离的日子和心头的想念。

4.由外而内

无论是描绘哪一种"物"，我们都能从它的来历、外观、功能，刻画出"物"的内在意义，这是一种"由外而内"的写法，同时也是观察事物的顺序，有如剥笋般层层揭露"物"的真实面貌。以题目"我最爱的物品"为例，描写一个蓝色的陶笛，每当吹奏它，就想到邻居大哥的笑容和

小时候的回忆。开头描写这件物品的外观和功能，中间叙述得到它的经过和你的欣喜之情，最后说明这件物品对你的意义。

5.物与人、事

"人"获得和使用"物"，"事"则用来说明人与物的互动，所以一篇状物的文章，一定是人、事、物三者兼具，缺一不可，即使用拟人法写物，也会书写人与物的互动。以题目"我最喜欢的植物"为例，开头先写你最喜欢的植物是小草，形容它的样子；中间描述和植物之间发生的事，比如看见小草钻出水泥墙的缝隙，奋力不懈的样子；最后道出从小草身上得到的启发。

小朋友 + 看着草 + 小草 → 启发

名篇选读

1. 落花生 / 许地山

▶ **经典原文**

我们屋后有半亩①隙地②。母亲说:"让它荒芜③着怪可惜,既然你们那么爱吃花生,就辟④来做花生园吧。"我们几姊弟和几个小丫头都很喜欢——买种的买种,动土的动土,灌园的灌园;过不了几个月,居然收获了!

妈妈说:"今晚我们可以做一个收获节,也请你们爹爹来尝尝我们的新花生,如何?"我们都答应了。母亲把花生做成好几样食品,还吩咐⑤这节期要在园里的茅亭举行。

那晚上的天色不大好,可是爹爹也到来,实在

---

① 亩:音 mǔ,量词,计算面积的单位。1 公亩等于 100 平方米,1 市亩约等于 667 平方米。
② 隙地:空着的地方。
③ 荒芜:土地因无人管理而杂草丛生。
④ 辟:开垦。
⑤ 吩咐:音 fēn fù,叮嘱,多指长辈嘱告晚辈,含有命令、派遣的语气。

很难得!爹爹说:"你们爱吃花生吗?"

我们都争着答应:"爱!"

"谁能把花生的好处说出来?"

姊姊①说:"花生的气味很美。"

哥哥说:"花生可以制油。"

我说:"无论何等人都可以用贱价②买它来吃;都喜欢吃它。这就是它的好处。"

爹爹说:"花生的用处固然很多,但有一样是很可贵的。这小小的豆不像那好看的苹果、桃子、石榴,把它们的果实悬③在枝上,鲜红嫩绿的颜色,令人一望而发生羡慕的心。它只把果子埋在地底,等到成熟,才容人把它挖出来。你们偶然看见一棵花生瑟缩④地长在地上,不能立刻辨出它有没有果实,非得等到你接触它才能知道。"

我们都说:"是的。"母亲也点点头。爹爹接下去说:"所以你们要像花生;因为它是有用的,不是

---

① 姊姊:姐姐。
② 贱价:低于合理的价格。
③ 悬:音 xuán,挂、系。
④ 瑟缩:音 sè suō,蜷缩、不伸展的样子。

伟大、好看的东西。"我说:"那么,人要做有用的人,不要做伟大、体面的人了。"爹爹说:"这是我对于你们的希望。"

我们谈到夜阑①才散,所有花生食品虽然没有了,然而父亲的话现在还印在我心版上。

▶ **认识名家**

许地山(1893—1941),名赞堃(kūn),字地山,笔名落花生(落华生),台湾省台南人。1921年,许地山和沈雁冰、叶圣陶、郑振铎等十二人,在北京成立文学研究会,创办《小说月报》。1935年出任香港大学文学院主任教授,进行教育改革,此后便住在香港,直至逝世。

许地山的创作多以国内的台、闽、粤和国外的东南亚、印度为背景。主要著作有《空山灵雨》《缀网劳蛛》《危巢坠简》《道教史》《达衷集》《印度文学》《解放者》等。译作有《孟加拉民间故事》《二十夜问》《太阳底下降》等。演讲稿有《宗教底妇女观》《女子底服饰》《英雄造时势与时势造英雄》等。据说张爱玲就读港大时,其散文《更衣记》简述中国三百年来的妇女衣装,普遍被认为曾受许地山研究的影响。

---

① 夜阑:夜深。阑,音 lán。

▶ 题解

《落花生》出自《许地山选集》。作者许地山，以笔名"落花生"撰文。这篇文章中，父亲谈论花生的品格，目的是让孩子们领悟到做人应该不求虚名、默默奉献的道理。全篇围绕着"品格"加以发挥，将花生的特质对应到人的品格上，叙述主次分明，所以篇幅虽然短小，却给人鲜明的印象，使读者从中领悟到深刻的哲理。

▶ 解读思维导图：落花生

《落花生》一文，是由栽种花生、过收获节两部分组成，但是文章的重点部分在"过收获节"上。那天晚上，作者的父亲也来了，于是姐姐、哥哥、作者三人听父亲谈花生的好处，从花生的"气味很美""可以制油""价格便宜"等特点谈起，进而深入地谈到了为人处世的道理。

这篇文章，可从人、事、时、地、物五个方面来分析。事件分为两部分：一是母亲主张利用屋后的"半亩隙地"做花生园，全家一起栽种；二是描述花生收获后全家举办收获节来庆祝的实况。从种花生的过程——买种、动土、灌园中，孩子们了解到了努力付出之后才能品尝收获的果实这个道理，这是文章一开始就设定的主题。

文章的人物分别是作者的父母、姐姐、哥哥和作者自己，

PART 4
人间万物好好玩：托物言志

▶ 思维导图

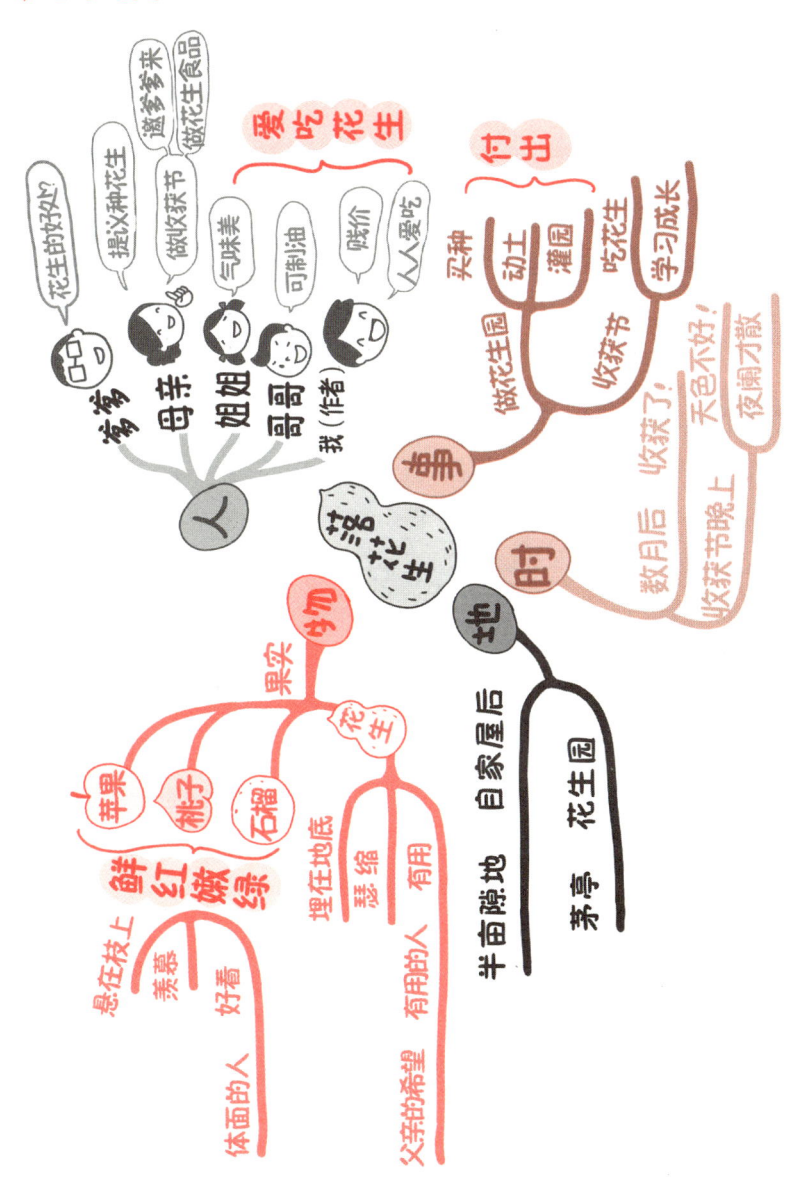

人
- 爸爸
- 母亲
- 姐姐
- 哥哥
- 我（作者）

爱吃花生
- 花生的好处？
- 提议种花生
- 做收获节
- 做花生食品
- 气味美
- 可制油
- 价廉
- 人人爱吃

事
- 做花生园
  - 买种
  - 动土
  - 灌园
- 收获节
  - 吃花生
  - 学习成长

时
- 数月后
- 收获了
- 收获节晚上
- 天色不好
- 夜阑方散

地
- 半亩隙地
- 自家屋后
- 茅亭
- 花生园

物（落花生）
- 果实
  - 苹果
  - 桃子
  - 石榴
  - 鲜红
  - 嫩绿
  - 悬在枝上
  - 羡慕
  - 好看
  - 体面的人
- 花生
  - 埋在地底
  - 瑟缩
  - 有用
  - 有用的人
  - 父亲的希望

149

文章借着人物的对话来塑造他们的形象。姐姐说"花生的气味很美"是从审美的角度来欣赏花生。哥哥说"花生可以制油"是从实用的角度看花生。作者说"无论何等人都可以用贱价买它来吃；都喜欢吃它"则点出了花生"平易近人""平凡却实用"的好处。

但是作者的父亲更深入地谈了花生的可贵之处，他以好看的苹果、桃子、石榴来和花生比较。这些水果的颜色鲜红嫩绿的，高调地生长在枝头上，"令人一望而发生羡慕的心"，自然不是朴素的花生可比的。但是花生"只把果子埋在地底，等到成熟，才容人把它挖出来"，这种低调、朴实的特性，却深受父亲的赞赏，并且以花生为喻，教养子女，期望他们要像花生，"因为它是有用的，不是伟大、好看的东西"。在这里，父亲并非一味否定鲜艳的果实，而是强调所有事物应该追求的是更实在的本质。人究竟要做体面的人，还是做个有用的人？引发我们的深思。

在父亲的循循善诱下，作者感悟到花生的价值。花生不追求外表的华美，而重视内在的实用，它不是外表好看而对社会无用的事物，这便是文章的主旨。因此，作者下了一个批注："那么，人要做有用的人，不要做伟大、体面的人了。"说明了人生的道理：一个人的外表虽然长得平凡，可是心灵可以宽阔、伟大，成为人们尊敬的人。人不必刻意追求伟大，只要每分钟做好自己，尽责任和本分，脚踏实地就可以了，这便是作者的父亲对子女们的期望。

收获节的时间，是开始栽种花生数个月后的某个晚上，作者的母亲将其定为"收获节"。这天的"天色不大好"，但是作者全家人却聊到了"夜阑"才散，表现出一家人亲密交流、孩子们收获满满的温馨感觉。这天，作者不只满足了吃花生食品的口腹之欲，聆听父亲一番深刻的教诲，也使他的心灵感到满足，自家简陋的后院，胜过了堂皇的屋宇，这是极其快意和尽兴的一场"宴会"。

许地山的文笔朴素无华，用字遣词浅白易懂，以生活化的情节带出深刻的道理，启发无数的读者，一如他笔下所描述的花生，是那么的平凡、实用，又是那么的深刻。

学习贴士

▶ **文学小知识**

1.对话：通过人物彼此的对话来推动情节，表现人物的个性和思想。如：（爸爸说）"谁能把花生的好处说出来？"（父亲教育子女），姐姐说："花生的气味很美。"（姐姐感性），哥哥说："花生可以制油。"（哥哥重实用），我说："无论何等人都可以用贱价买它来吃；都喜欢吃它。这就是它的好处。"（作者喜欢平实的事物）。

2.比喻。如："你们要像花生。"

3.拟人。如："它只把果子埋在地底，等到成熟，才容人把它挖出来。"

4.对比。如："这小小的豆不像那好看的苹果、桃子、石榴，把它们的果实悬在枝上，鲜红嫩绿的颜色，令人一望而发生羡慕的心。它只把果子埋在地底，等到成熟，才容人把它挖出来"（鲜艳的苹果、桃子、石榴，对照平实低调的花生）。

▶ **漫画经典**

谁能把花生的好处说出来？

气味美。

可以制油。

谁都能买来吃。

我们屋后有半亩隙地，母亲说："就辟来做花生园吧。"

爸爸说："谁能把花生的好处说出来？"

所以你们要像花生，因为它是有用的。

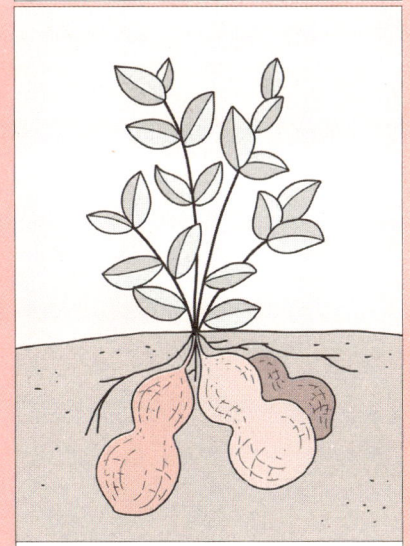

花生有一样是很可贵的，它只把果子埋在地下等人挖出来。

爸爸说："所以你们要像花生，因为它是有用的。"

153

▶ **文学游戏场**

一、阅读素养

(　　) 1.《落花生》作者的父亲以苹果、桃子、石榴和花生比较，用意为何？
（A）突显花生的不起眼。
（B）强调苹果、桃子、石榴的鲜艳夺目。
（C）形容花生的滋味比苹果、桃子、石榴可口许多。
（D）比喻真正有内涵的人，是低调而朴实的。

(　　) 2.许地山的父亲对子女有什么期望？
（A）为人要脚踏实地而令人尊敬。
（B）要做大事，不要做大官。
（C）望子成龙，望女成凤。
（D）十年寒窗无人问，一举成名天下知。

二、向大师学写作

作文题目：

> 植物能美化环境，栽花则能培养生活情趣，中国幅员辽阔，拥有多变的气候与地貌，能够孕育出各种各样的植物。在这么多种植物当中，你最喜欢哪种？请以"我最喜欢的植物"为题，描写、叙述喜爱它的原因。

作文提示：

审题：除了描写植物的外观，还要写出欣赏植物时的感受及影响。如果能说出植物的作用，比喻自己，就能成功地写出自己的心路历程。开头：用问答法，先用问句勾起读者的好奇，颠覆一般以花或鸟来迎春的思考，将这个植物当作春天的使者。经过：用特写法，把这个植物的颜色、特性及在风雨中的模样，细腻地描绘出来，并从植物的身上得到启发、顿悟。
结尾：运用赞美法，呼应第一段，强调自己最喜欢的是这种植物，以拟人化写法赞美它，鼓舞自己。

三、思维导图练习

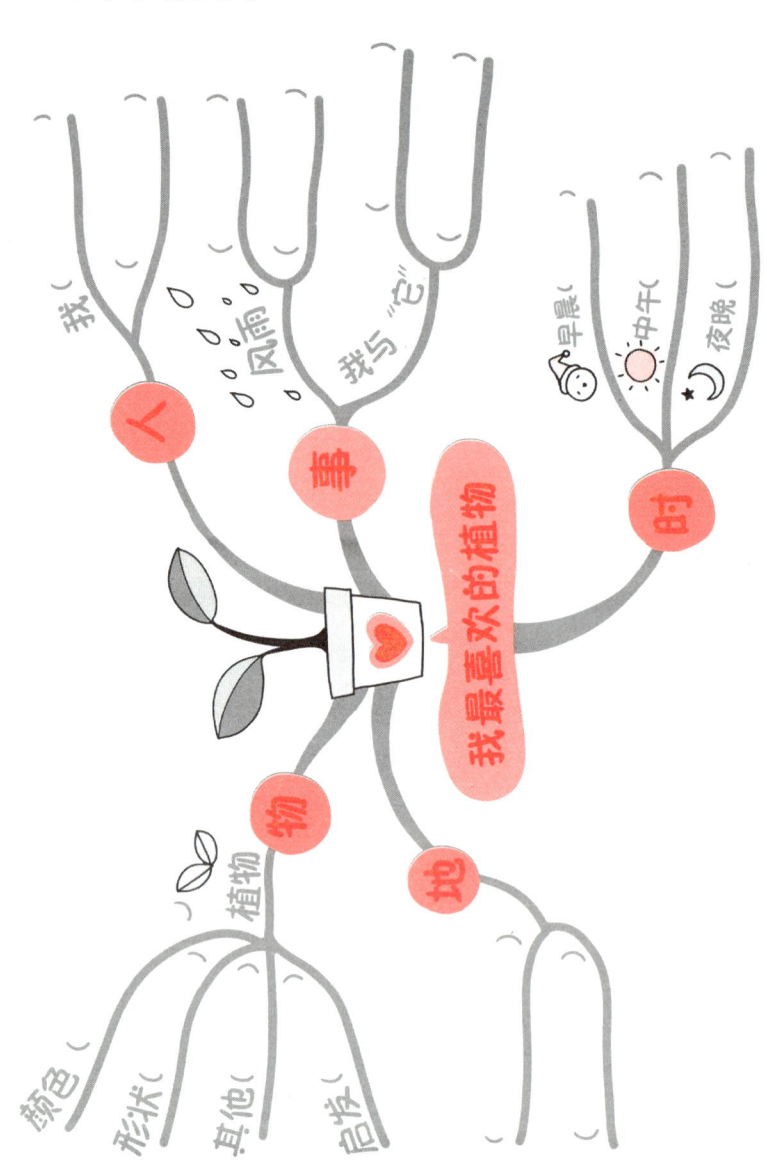

我最喜欢的植物

- 人
  - 我
  - 风雨
  - 我与"它"
- 事
- 时
  - 早晨
  - 中午
  - 夜晚
- 地
- 物
  - 植物
    - 颜色
    - 形状
    - 其他
    - 启发

提示：从人、事、时、地、物五个方面未构思内容，完成后，再组织成一篇文章。

名篇选读

2. 钢铁假山 / 夏丏尊

▶ 经典原文

案头①有一座钢铁的假山,得之不费一钱,可是在我室内的器物里面,要算是最有重要意味的东西。

它的成为假山,原由于我的利用,本身只是一块粗糙的钢铁片,非但不是什么"吉金乐石",说出来一定会叫人发指②,是一二八之役③日人所掷的炸弹的裂块。

这已是三年前的事了。日军才退出,我到江湾立达学园去视察被害的实况,在满目凄怆④的环境中徘徊⑤了几小时,归途拾得这片钢铁回来。这种钢

---

① 案头:桌上。
② 发指:头发竖起来,形容非常愤怒。
③ 一二八之役:1932年初,日本帝国主义制造"一·二八"事变,发动侵略中国上海之战争,这是中华民族反对日本侵略的自卫战争。
④ 凄怆:音 qī chuàng,凄凉悲伤。
⑤ 徘徊:音 pái huái,来回走动。

铁片，据说就是炸弹的裂块，有大有小，那时在立达学园附近触目皆是。我所拾的只是小小的一块，阔约六寸，高约三寸，厚约二寸，重约一斤。一面还大体保存着圆筒式的弧形，从弧线的圆度推测，原来的直径应有一尺光景，不知是多少磅①重的炸弹了。另一面是破裂面，巉削凹凸，有些部分像峭壁，有些部分像危岩，锋棱②锐利得同刀口一样。

江湾一带曾因战事炸毁过许多房子，炸杀过许多人。仅就立达学园一处说，校舍被毁的过半数。那次我去时，瓦砾场上还见到未被收殓③的死尸。这小小的一块炸弹裂片，当然参与过残暴的工作，和刽子手所用的刀一样，有着血腥气的。论到证据的性质，这确是"铁证"了。

我把这铁证放在案头上作种种的联想，因为锋棱又锐利摆不平稳，每一转动，桌上就起磨损的痕迹。最初就想配了架子当作假山来摆。继而觉得把

---

① 磅：量词，英美计算重量的单位，为英语"pound"的音译。常衡 1 磅等于 0.4536 公斤，金属衡 1 磅合 0.3732 公斤。
② 锋棱：指器物的尖锐部分。棱，音 léng。
③ 收殓：把尸体装到棺材里去。殓，音 liàn。

惨痛的历史的证物，变装为古董性的东西，是不应该的。古代传下来的古董品中，有许多原是历史的遗迹，可是一经穿上了古董的衣服，就减少了历史的刺激性，只当作古董品被人玩耍了。

这块粗糙的钢铁，不久就被我从案头收起，藏在别处，忆起时才取出来看。新近搬家整理物件时被家人弃置在杂屑篓里，找寻了许久才发现。为永久保藏起见，颇费过些思量。摆在案头吧，不平稳，而且要擦伤桌面。藏在衣箱里吧，防铁锈沾惹坏衣服，并且拿取也不便。想来想去，还是去配了架子当作假山来摆在案头好。于是就托人到城隍庙一带红木铺去配架子。

现在，这块钢铁片已安放在小小的红木架上，当作假山摆在我的案头了。时间经过三年之久，全体盖满了黄褐色的铁锈，凹入处锈得更浓。碎裂的整块的，像沈石田[①]的峭壁，细杂的一部分像黄子

---

① 沈石田：沈周（1427—1509），字启南，号石田、白石翁、玉田生、有竹居主人等，长洲（今江苏苏州）人。明代书画家，享年八十二岁（虚八十三岁）。不应科举，专事诗文、书画，是明代中期文人画"吴派"的开创者，与文征明、唐寅、仇英并称"明四家"。

久①的皴法②，峰冈起伏的轮廓有些像倪云林③。客人初见到这座假山，都称赞它有画意，问我从什么地方获得。家里的人对它也重视起来，不会再投入杂屑篓里去了。

这块钢铁片现在总算已得到了一个处置和保存的方法了，可是同时却不幸地着上了一件古董的衣裳。为减少古董性显出历史性起见，我想写些文字上去，使它在人的眼中不仅是富有画意的假山。

写些什么文字呢？诗歌或铭④吗？我不愿在这严重的史迹上弄轻薄⑤的文字游戏，宁愿老老实实地写几句记实的话。用什么来写呢？墨色在铁上是显不出的，照理该用血来写，必不得已，就用血色的朱

---

① 黄子久：黄公望（1269—1354），元代画家。本姓陆，名坚，江浙行省常熟县人。改姓黄，名公望，字子久，号一峰、大痴道人。擅画山水，师法董源、巨然，兼修李成法，得赵孟頫指授。所作水墨画笔力老到，简淡深厚。又于水墨上略施淡赭，世称"浅绛山水"。晚年以草籀笔意入画，气韵雄秀苍茫，与吴镇、倪瓒、王蒙合称"元四家"。
② 皴法：皴，音cūn。国画山水树石中，表现凹凸阴阳之感及线条、纹理、形态等的笔法。如披麻皴、荷叶皴、褶带皴、解索皴、卷云皴等。
③ 倪云林：初名珽，字泰宇，后字符镇，号云林子、荆蛮民、幻霞子等，江苏无锡人。元代画家、诗人。家富，博学好古，四方名士常至其门。元顺帝至正初忽散尽家财，浪迹太湖。擅画山水、墨竹，师法董源，受赵孟頫影响。早年画风清润，晚年变法，平淡天真。以侧锋干笔作皴，名为"折带皴"。墨竹偃仰有姿，寥寥数笔，逸气横生。书法从隶入，有晋人风度，亦擅诗文。与黄公望、王蒙、吴镇合称"元四家"。
④ 铭：文体名，刻在器物或石碑上，警惕自己或赞颂他人的文字。
⑤ 轻薄：对人不尊重、不礼貌。

漆吧。今天已是二十四年的一月十日了，再过十八日，就是今年的"一二八"。我打算在"一二八"那天来写。

▶认识名家

夏丏尊（1886—1946），本名夏铸，字勉旃（zhān），号闷庵，浙江上虞人。他是文学家，更是有理想、有抱负的教育家，一生以从事教育为志向。曾翻译意大利人亚米契斯的名著《爱的教育》(*The Heart of a Boy*)[①]，这本书是世界公认的最富爱心和教育性的读物。他在译者序中说："教育没有了情爱，就成了无水的池，任你四方形也罢，圆形也罢，总逃不了一个空虚。"他认为任何教育的出发点，都应该是为了"爱"。

夏丏尊的散文以白描为主，看似没什么精妙的技巧，其实他把"技巧"巧妙地隐藏在平实的文字中，字里行间处处能见到温暖的人间情怀，给人淳朴之情和充实的力量。风格被称为"白马湖派"。作品有《平屋杂文》《文章作法》《现代世界文学大纲》《阅读与写作》《夏丏尊选集》《夏丏尊文集》，译有《爱的教育》《近代日本小说集》等书。

---

① 《爱的教育》：作者亚米契斯（Edmondo de Amicis），借一个小男孩的眼光，记录学校生活的点滴，传达可贵的教育理念。

▶ **题解**

《钢铁假山》出自《平屋杂文》。作者从一块炸弹的裂块出发，想到了1932年的"一·二八"之役。在日军轰炸后，作者到江湾立达学园视察被战火破坏的情况，在满目疮痍的环境中，拾了一块山峦状的钢铁块回家，这就是日军投下的炸弹的碎片，是惨痛历史的证物。他把它命名为"钢铁假山"，并将自己对这段历史的感慨与哀悼，寄托在文章中。

▶ **解读思维导图：钢铁假山**

夏丏尊这篇文章的背景是发生于1932年的"一·二八事变"，该年1月28日日本悍然出兵侵略上海，上海军民纷纷奋起反抗。"一·二八事变"在当时的爆发有着深刻的政治背景，在"九一八事变"东北沦陷后，中国排日运动日盛，而日本人进一步觊觎中国的经济重心上海，因而借故挑起战端，造成中、日军民严重伤亡。

初读《钢铁假山》，不免会给人这样一个印象：作者颇具闲情逸致，在战火纷起、人民流离失所的时期，竟然有心思从废墟中捡取"一·二八"炮火中日本侵略者的炮弹碎块，不但如此，还将它当成一座假山，放置桌上，当作古董来欣赏，这岂不是将战争的伤痕当休闲？其实，这正是文章故意设定的否定线索。

PART 4 人间万物好好玩：托物言志

▶ **思维导图**

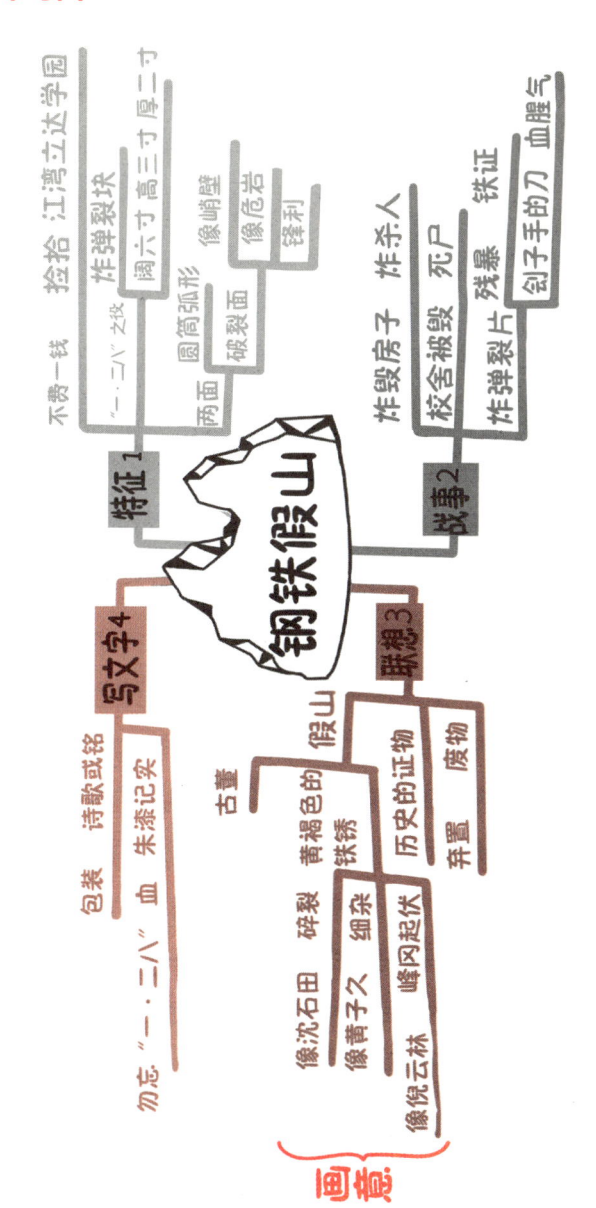

```
                                        ┌─ 不费一钱
                                        ├─ 捡拾  江湾立达学园
                                        ├─ "一·二八"之袭
                          ┌─ 特征1 ──────┤  炸弹裂块
                          │              │  阔六寸 高三寸 厚二寸
                          │              ├─ 圆凸弧形  两面  破裂面
                          │              └─ 像峭壁  像危岩  锋利
                          │
                          │              ┌─ 炸毁房子  炸杀人
                          ├─ 战事2 ──────┤  校舍被毁  残暴  死尸  铁证
        钢铁假山 ─────────┤              └─ 炸弹裂片  刽子手的刀  血腥气
                          │
                          │              ┌─ 假山 ─ 古董
                          │              │       ┌─ 像沈石田  碎裂  青褐色的
                          ├─ 联想3 ──────┤ 画意 ─┤  铁锈
                          │              │       ├─ 像蓝子久  细朵
                          │              │       └─ 像倪云林  峰冈起伏
                          │              ├─ 历史的证物
                          │              └─ 弃置  废物
                          │
                          └─ 写文字4 ────┬─ 包装  诗歌或铭
                                         └─ 勿忘"一·二八"血  朱漆记实
```

163

文章一开头,作者以这个假山"得之不费一钱,可是在我室内的器物里面,要算是最有重要意味的东西",带出"假山"原是"一·二八"之役日人所掷炸弹的碎片,而后通过倒叙的方式,将时间带回三年前战役刚刚过后。这片碎片,是作者在被摧残后的江湾立达学园中所拾获。所拾的"小小的一块",对照文中所言"多少磅重的炸弹",正有以小喻大、不可磨灭的"铁证"之意。作者将它捡回,放在案头上把玩,自然有睹物警惕之意,但家人大概也不满于这种表面的"闲情逸致",也容易让人联想起战火时的惊惶,于是便将其"弃置在杂屑篓里"。

还好,作者又将其拾回,并且为了长久之计,派人到城隍庙一带的红木铺,买了一个红木架。在这里,文章暗示我们,作者并不希望自己,甚或是所有中国人,忘却了这个战役所留下的苦痛。"假山"在一般人的认知中,指的是园林中的造景,其实还有用土石堆成、军事上作为地下基地或火箭发射口的假山。在这里,"钢铁假山"显然有着后面一层的含义。

当这块碎片被当作假山摆在案头,而且经历三年,长满红锈之后,作者再度静观这个"钢铁假山",他发现"碎裂的整块的,像沈石田的峭壁,细杂的一部分像黄子久的皴法,峰冈起伏的轮廓有些像倪云林"。这些比喻,是将历史的证物联想成文人雅士赏玩的古董,让这片炸弹碎片"不幸地着上了一件古董的衣裳",家人和客人都是从这视角观察"钢铁假山"的。

作者对这个现象十分担心,因为他的用意完全不是这样,他想保留的是战火的遗迹,以及人类自相残杀的血泪印记,更是国仇家恨的历史教训。然而,大部分的人却极容易忘却惨痛的历史,容易抛弃血淋淋的真相。因此,文章的最后,他说:"我不愿在这严重的史迹上弄轻薄的文字游戏,宁愿老老实实地写几句记实的话。"因此,作者抛弃了诗歌或铭的方式,而以严肃的心情写下了这篇散文,目的便是"记实",不使历史真相因为文学手法过度的包装或婉曲,而表现失真。

　　甚至,作者还进一步运用了**层递法**,强调光凭墨色书写于铁上是显现不出来的,这样的历史教训应该用"血"来书写,也就是血色的"朱漆"。艳红的漆字在乌黑的钢铁上,点染出血与泪的真实,不仅铭刻在作者的心上,更希望能够铭刻在读者的心上,因为历史不能遗忘,真相必须记取。可以说,在这篇文章里,文学大师夏丏尊从一片小碎片出发,以看似冷静却热血的笔法,为我们记录下重要的历史片刻,以及身居其中知识分子们的炽热胸怀。

学习贴士

▶文学小知识

1.夸张。如:"说出来一定会叫人发指"

2.比喻。如:"有些部分像峭壁,有些部分像危岩,锋棱锐利得同刀口一样。"

3.双关:一语同时关联两种事物,或兼含两种意义。如:"论到证据的性质,这确是'铁证'了。"(证据上的铁证与本身的钢铁材质)

4.转化:如:"一经穿上了古董的衣服,就减少了历史的刺激性""不幸地着上了一件古董的衣裳"。

5.排比。如:"碎裂的整块的,像沈石田的峭壁,细杂的一部分像黄子久的皴法,峰冈起伏的轮廓有些像倪云林。"(排比+比喻)

6.设问。如:"写些什么文字呢?诗歌或铭吗?""用什么来写呢?"(提问)

▶ **漫画经典**

案头有一座钢铁的假山,是一二八之役日人所掷的炸弹的裂块。

我到学校视察被害的实况,在满目凄怆中拾得这片钢铁回来。

这片钢铁曾被家人弃置在杂屑篓里,也曾被客人称赞有画意。

我想用朱漆写文字上去,使它在人的眼中不仅是富有画意的假山。

▶ **文学游戏场**

一、阅读素养

（　　）1. 以下为《钢铁假山》一文的主旨，哪个为真？

（A）钢铁片是食之无味、弃之可惜的物品。

（B）钢铁片是"一·二八事变"日本所掷炸弹的碎片，是日军侵略的"铁证"。

（C）钢铁片寄寓着作者铭记历史、勿忘国耻的收藏意图。

（D）钢铁片是得之不易的古董，造型具有画意。

（　　）2. 到了文末，作者想表达的事情是什么？

（A）提醒国人不要忘记与日本的仇恨。

（B）要时常警惕日本帝国主义复活，维护世界和平。

（C）不应当随意将战场上的遗物带回家。

（D）提醒人们历史容易被淡忘，真相应该被保存下来。

二、向大师学写作

作文题目：

> 有些物品随着时间的流逝，承载了我们的情感与回忆，例如一张卡片、一张照片、一双球鞋等。你心中最喜爱的物品是什么？请以"我最爱的物品"为题，描述这件物品的外观，以及与物品相关的经历和感受。

作文提示：

审题：只要写出物品与你之间发生的事，就是正确的写作方向。取材上，应选择贴近生活的物品来写，同时也带出与物品相关的人物，以回忆、怀旧的情感来书写。开头：使用反起法，先从反面写起，说自己原本没想到拥有这件物品，像写谜语的方式，先描述特征，在最后一两句才揭晓物品的"身份"。经过：用对话法，利用人物的对话来推动情节、带出送这件物品的人，或是以故事法，描述购买这件物品的经过，然后点出物品的象征意义。结尾：运用赞美法，对物品加以赞美，并从物品上面反省自我，得到自我成长的体悟。

三、思维导图练习

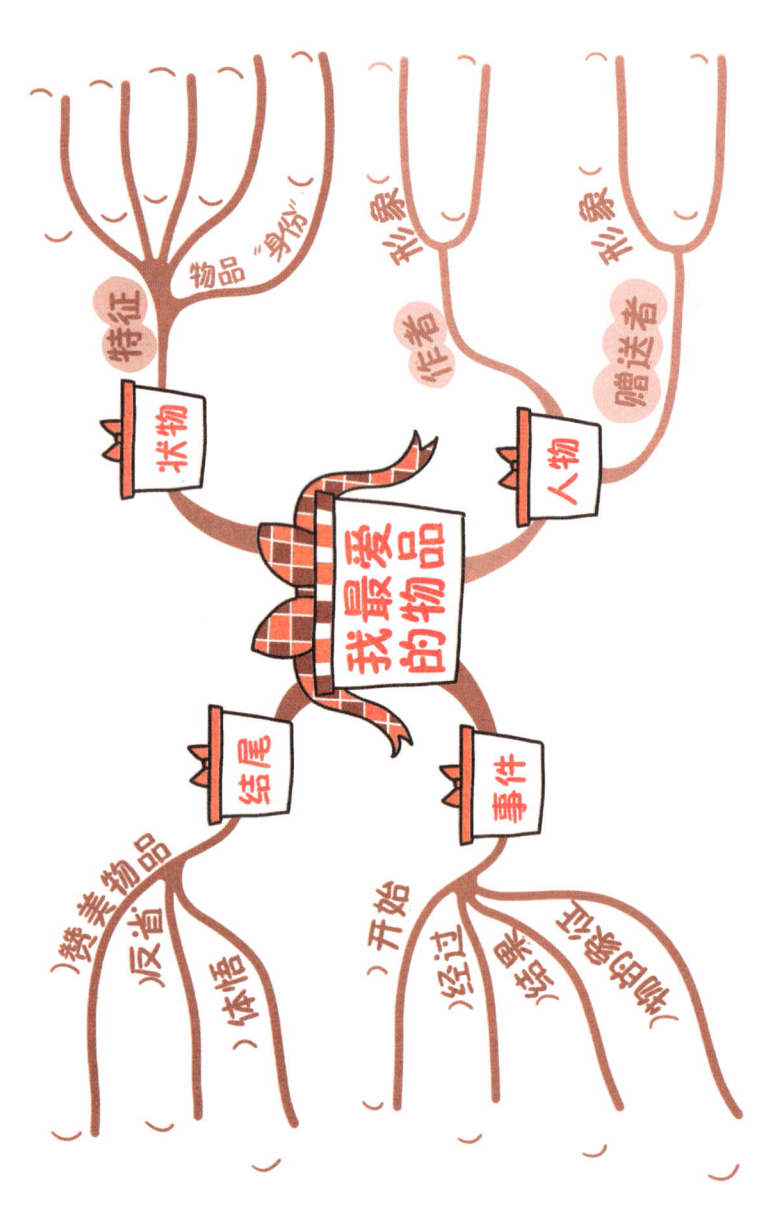

状物
- 特征
- 物品"身份"

人物
- 形象
- 作者
- 赠送者
- 形象

我最爱的物品

结尾
- 赞美物品
- 反省
- 体悟

事件
- 开始
- 经过
- 结果
- 当时心情

提示：可任意决定"状物""人物""事件"的写作次序，故事的呈现便有不同的感觉。

名篇选读

3. 风筝 / 鲁迅

▶ 经典原文

  北京的冬季,地上还有积雪,灰黑色的秃树枝丫叉于晴朗的天空中,而远处有一二风筝浮动,在我是一种惊异和悲哀。

  故乡的风筝时节,是春二月,倘听到沙沙的风轮声,仰头便能看见一个淡墨色的蟹风筝或嫩蓝色的蜈蚣风筝。还有寂寞的瓦片风筝,没有风轮,又放得很低,伶仃①地显出憔悴可怜模样。但此时地上的杨柳已经发芽,早的山桃也多吐蕾,和孩子们的天上的点缀相照应,打成一片春日的温和。我现在在哪里呢?四面都还是严冬的肃杀,而久经诀别的故乡的久经逝去的春天,却就在这天空中荡漾了。

  但我是向来不爱放风筝的,不但不爱,并且嫌

---

① 伶仃:音 líng dīng,孤苦无依的样子。

恶他,因为我以为这是没出息孩子所做的玩艺。和我相反的是我的小兄弟①,他那时大概十岁内外罢,多病,瘦得不堪,然而最喜欢风筝,自己买不起,我又不许放,他只得张着小嘴,呆看着空中出神,有时至于小半日。远处的蟹风筝突然落下来了,他惊呼;两个瓦片风筝的缠绕解开了,他高兴得跳跃。他的这些,在我看来都是笑柄②,可鄙③的。

有一天,我忽然想起,似乎多日不很看见他了,但记得曾见他在后园拾枯竹。我恍然大悟似的,便跑向少有人去的一间堆积杂物的小屋去,推开门,果然就在尘封的什物堆中发现了他。他向着大方凳,坐在小凳上;便很惊惶地站了起来,失了色瑟缩着。大方凳旁靠着一个蝴蝶风筝的竹骨,还没有糊上纸,凳上是一对做眼睛用的小风轮,正用红纸条装饰着,将要完工了。我在破获秘密的满足中,又很愤怒他的瞒了我的眼睛,这样苦心孤诣④

---

① 小兄弟:指鲁迅的三弟周建人,字乔峰,生物学家,曾担任商务印书馆编辑。
② 笑柄:可借以取笑的题材。
③ 可鄙:令人鄙视。
④ 苦心孤诣:费尽心思,专心研究,达到他人无法并驾齐驱的境地。诣,音 yì。

地来偷做没出息孩子的玩艺。我即刻伸手折断了蝴蝶的一支翅骨，又将风轮掷在地下，踏扁了。论长幼，论力气，他是都敌不过我的，我当然得到完全的胜利，于是傲然走出，留他绝望地站在小屋里。后来他怎样，我不知道，也没有留心。

然而我的惩罚终于轮到了，在我们离别得很久之后，我已经是中年。我不幸偶而看了一本外国的讲论儿童的书，才知道游戏是儿童最正当的行为，玩具是儿童的天使。于是二十年来毫不忆及的幼小时候对于精神的虐杀的这一幕，忽地在眼前展开，而我的心也仿佛同时变了铅块，很重很重的堕①下去了。

但心又不竟堕下去而至于断绝，他只是很重很重地堕着，堕着。

我也知道补过②的方法的：送他风筝，赞成他放，劝他放，我和他一同放。我们嚷着，跑着，笑着。——然而他其时已经和我一样，早已有了胡子了。

---

① 堕：音 duò，掉落。
② 补过：补救，弥补。

我也知道还有一个补过的方法的：去讨他的宽恕，等他说，"我可是毫不怪你呵。"那么，我的心一定就轻松了，这确是一个可行的方法。有一回，我们会面的时候，是脸上都已添刻了许多"生"的辛苦的条纹，而我的心很沉重。我们渐渐谈起儿时的旧事来，我便叙述到这一节，自说少年时代的胡涂。"我可是毫不怪你呵。"我想，他要说了，我即刻便受了宽恕，我的心从此也宽松了罢。

"有过这样的事么？"他惊异地笑着说，就像旁听着别人的故事一样。他什么也不记得了。

全然忘却，毫无怨恨，又有什么宽恕之可言呢？无怨的恕，说谎罢了。

我还能希求什么呢？我的心只得沉重着。

现在，故乡的春天又在这异地的空中了，既给我久经逝去的儿时的回忆，而一并也带着无可把握的悲哀。我倒不如躲到肃杀的严冬中去罢，——但是，四面又明明是严冬，正给我非常的寒威和冷气。

一九二五年一月二十四日

PART 4
人间万物好好玩：托物言志

▶ **认识名家**

鲁迅。参见P55。

▶ **题解**

《风筝》出自《野草》。作者以"风筝"为引线，对自己曾经无情、粗鲁地对待弟弟，做了深刻的反省。通过个人，看到传统的伦理道德下的社会面貌，这种威权式的管理、长幼尊卑的秩序，对孩童是何等的残酷，不知不觉扼杀了儿童的天性。作者通过这样的自省，挖掘出更深层的社会弊病。

▶ **解读思维导图：风筝**

这是一篇自省性质的散文，以"风筝"为主线来推动情节发展。叙述往事及偶尔停下来在细微处描绘，是本文的特色。文章开头先概括地写景，从北京的冬季、晴朗的天空中，有"一二风筝浮动"，使作者感到"一种惊异和悲哀"。接着，以一段对故乡风筝时节的回忆，说明悲哀的原因。

此外，作者又以各种形容词来形容所见的各类风筝：淡墨色的蟹风筝、嫩蓝色的蜈蚣风筝、寂寞的瓦片风筝，还有后文被踏扁的蝴蝶风筝，在作者眼中都是"伶仃地显出憔悴可怜模样"。天上的风筝和地上的景物、孩子、严冬的肃杀感觉，交织出不祥的预感，为后文的事件预先埋下伏笔。作者在这里不

▶ 思维导图

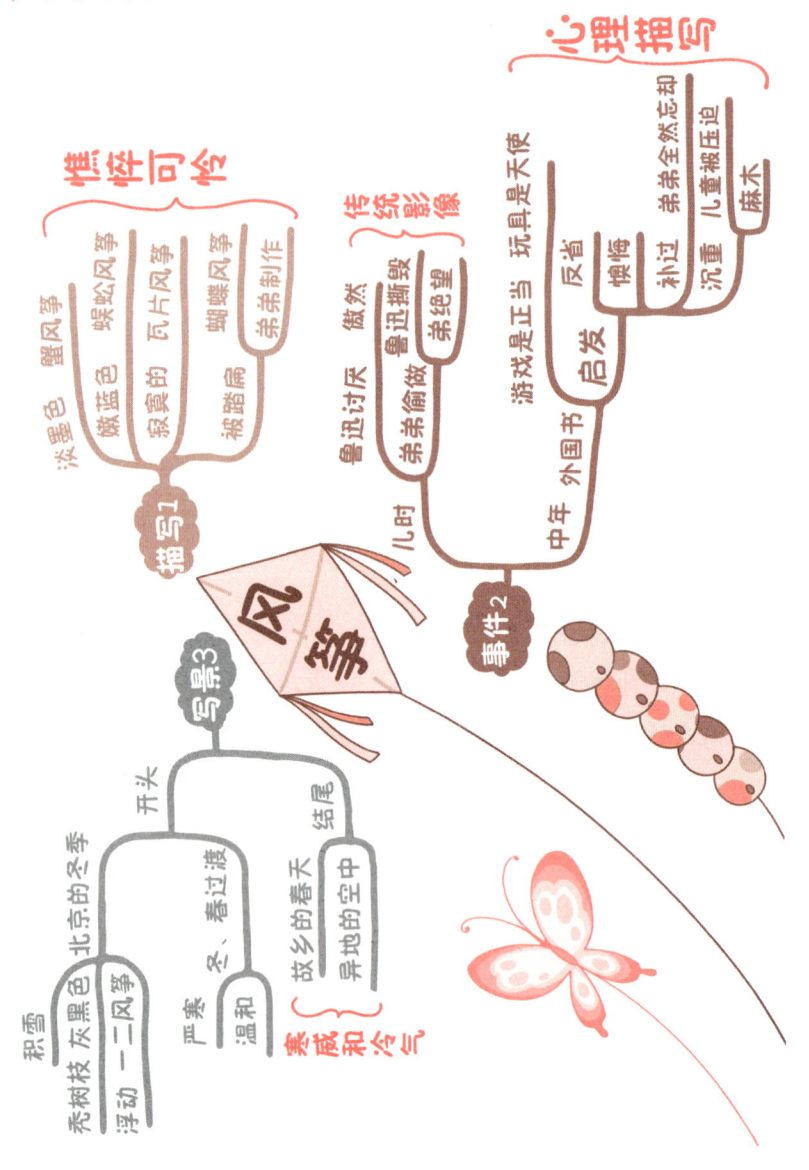

风筝

描写1 — 憔悴可怜
- 浓墨色 蟹风筝
- 嫩蓝色 蜈蚣风筝
- 寂寞的 瓦片风筝
- 被踏扁 蝴蝶风筝
- 弟弟制作

事件2
- 儿时
  - 鲁迅讨厌
  - 弟弟偷做
  - 做然
  - 鲁迅撕毁 — 传统影像
  - 弟绝望
- 中年 外国书 游戏是正当 玩具是天使
- 启发
  - 反省
  - 忏悔
  - 补过
  - 弟弟全然忘却
  - 儿童被压迫 — 心理描写
  - 沉重
  - 麻木

写景3
- 开头
  - 积雪
  - 秃树枝 灰黑色 北京的冬季
  - 浮动 一二风筝
  - 严寒 冬、春过渡
  - 温和
- 结尾
  - 故乡的春天 异地的空中
  - 寒威和冷气

单纯是抒发对故乡的想念，而是想起小时候欺凌弟弟的往事。

在第三段以后，作者叙述欺压弟弟的经过，并且深深地忏悔。过去，作者一直认为放风筝"是没出息孩子所做的玩艺"，身为兄长，应该严格管束弟弟，所以无视弟弟对玩耍的需求，只是指望弟弟能够"有出息"一点。现在反思起来，当年的自己，其实是受到传统观念所支配。在他将弟弟制作的风筝撕毁时，他想到"论长幼，论力气，他是都敌不过我的"，这是长幼之间不讲情理的伦理秩序，也是以强欺弱的行径。鲁迅将自己写得很粗暴，然而越是粗暴，越是能看见他在字里行间自我谴责的意味。

在三到五段之间，作者以白描的手法，将人物形象、性格等刻画得栩栩如生。他描写"十岁内外""多病，瘦得不堪"的小弟，"张着小嘴，呆看着空中出神"，为别人放的风筝"惊呼""跳跃"的模样，只有几笔勾勒，就把孩童单纯无邪的形象表现了出来。

在第四段，当弟弟做风筝的秘密被作者发现时，他描绘弟弟的神情："他向着大方凳，坐在小凳上；便很惊惶地站了起来，失了色瑟缩着。"窘迫不堪的样子，令人觉得可怜。而作者毁坏了弟弟即将完成的风筝，"傲然走出"屋子，"留他绝望地站在小屋里"，更加强了弟弟惊惧、绝望的形象，兄、弟的举止行为互相对照，突显了作者的蛮横与弟弟的柔弱、可怜。"精神虐杀"的这一段，说明了鲁迅的兄弟之情、游戏之于儿童的意义，以及鲁迅的自省精神。

在文章最后几段，鲁迅对自己的行为有深刻的剖析，心理描写也很出色。从弟弟放风筝的角度看，"游戏是儿童最正当的行为，玩具是儿童的天使"，游戏可以培养孩子的创造力，是健康的行为，因此不准儿童放风筝、玩游戏，无异于"精神的虐杀"。鲁迅看到国外的儿童教育书籍后，才真正体悟到中国传统教育的落后，而感到"心也仿佛同时变了铅块，很重很重的堕下去了"，着重地呈现了作者沉重的心情。

文章更深刻之处，还有鲁迅对小弟受到欺凌后来却"忘记""毫无怨恨"的深沉感慨。作者发现，成年后的小弟已经全然忘却了这段往事，探究原因，原来在传统观念的影响下，小弟躲起来偷做风筝，自己也认为不正当，所以对兄长的"教训"并不耿耿于怀。儿童被压迫得麻木，使压迫的成人可以恣意妄为，尤其令人悲哀，所以鲁迅只觉得这世界充满"寒威和冷气"，文章的结尾就归结在这一点上，留下了悲哀的余韵。

善于剖析自己的鲁迅，通过对这事件的反思，抨击了传统观念与伦理的弊病，引出了令人深思的问题，我们应该如何保护孩子的天性？如何让孩子在自由的天地中生活和生长？文章的思想是深刻的，情感是沉重的，是一篇深入浅出、语重心长的好文。

学习贴士

▶ 文学小知识

1.**感官描写**。如:"灰黑色的秃树枝丫叉于晴朗的天空中,而远处有一二风筝浮动"、"仰头便能看见一个淡墨色的蟹风筝或嫩蓝色的蜈蚣风筝"(视觉)、"倘听到沙沙的风轮声"(听觉)等。

2.**拟人**。如:"还有寂寞的瓦片风筝,没有风轮,又放得很低,伶仃地显出憔悴可怜模样。"

3.**设问**。如:"我现在在哪里呢?""全然忘却,毫无怨恨,又有什么宽恕之可言呢?""我还能希求什么呢?"(提问)。

4.**排比**。如:"远处的蟹风筝突然落下来了,他惊呼;两个瓦片风筝的缠绕解开了,他高兴得跳跃。"

5.**比喻**。如:"而我的心也仿佛同时变了铅块,很重很重的堕下去了。"

▶ **漫画经典**

故乡的风筝时节是春二月,仰头便能看见远处有一二风筝浮动。

我以为风筝是没出息孩子所做的玩艺,小朋友却最喜欢风筝。

我伸手折断了弟弟制作的蝴蝶风筝,留下他绝望地站在小屋里。

儿时撕了你的风筝,很对不起。

有这种事吗?

弟弟成年后完全忘了这件事,我的心却很沉重,就像窗外的严冬。

▶ **文学游戏场**

一、阅读素养

(　　) 1. 鲁迅过去很反对弟弟玩风筝，甚至撕毁弟弟的风筝，原因为何？

（A）自认兄长有教训弟弟的责任，希望弟弟成才。

（B）鲁迅本身的言行十分粗暴，经常霸凌弟弟。

（C）受传统观念影响，认为放风筝的孩子没出息。

（D）本身不喜欢放风筝，因而也讨厌弟弟玩。

(　　) 2. 弟弟成年后忘记"风筝事件"，也没有怨言，为何鲁迅认为这是最悲哀的？

（A）弟弟当时年纪还小，不记得风筝事件了。

（B）弟弟也受传统观念影响，认为自己不该玩风筝。

（C）弟弟宽宏大量，选择忘记与原谅。

（D）弟弟尊重兄长，顺服于兄长的教训。

二、向大师学写作

作文题目：

> 生活中经常会发生一些事情，能够启发我们，促使我们成长，令人终生难忘。想一想：你曾经受到什么事情的启示？请以"最懊悔的事"为题，叙述这件事情的经过、得到的启示和影响。

作文提示：

<u>审题</u>：应该选择一件印象深刻的事来写，这件事对你造成了冲击，影响了你的人生观。要将事件的经过叙述出来，并且着墨在个人的成长上。<u>开头</u>：使用<u>比喻法</u>，先将人生做个比喻。<u>经过</u>：运用<u>回忆法</u>，将时间拉回到事发当时，开始叙述经过，取材上，要能从中提炼出"人生体悟"才好。<u>结尾</u>：用<u>感想法</u>，这类以"反省内心"为题材的文章，最适合用反语来自嘲、责备自己，可以突显反省的诚恳，突出"懊悔"的主旨。

PART 4
人间万物好好玩：托物言志

三、思维导图练习

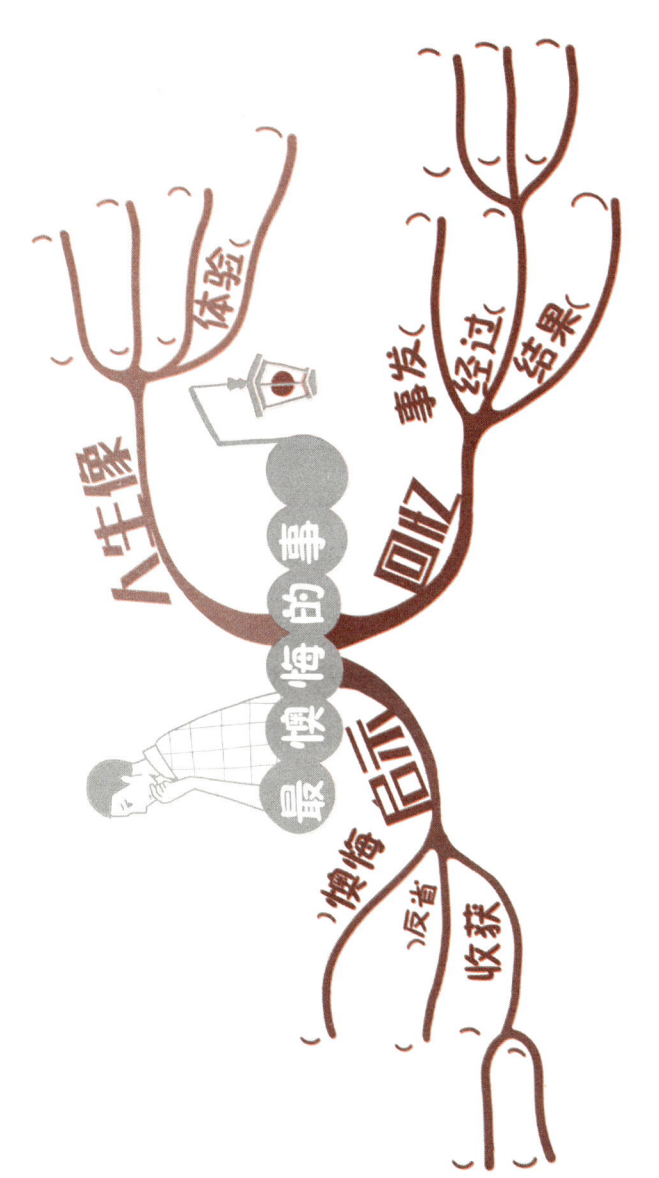

思维导图（中心主题：最懊悔的事）

- 人生像
  - 体验
- 回忆
  - 事发
  - 经过
  - 结果
- 启示
  - 懊悔
  - 反省
  - 收获

提示：在"回忆"下面，再分出第三层的小支干，文章内容像会更丰富。

183

PART 5
想象力好好玩
抒发情意

观念大声说

▶ 为什么需要抒情？

任何文章都包含了"情"，不只是抒情文，记叙文也常叙述令人感动的事，作为永恒的纪念；议论文虽然重视说"理"，但正因为我们对事物有所好恶，才会议论，说出自己的看法；应用文的书信更要用情，一封动人的信，能够跨越时空的距离，联系彼此的心。

情感就像暗流，总是深藏在记忆之下，如海浪一样此起彼伏，不论写哪种情感，都必须是发自内心流露出来的，虚情假意的文章是无法打动读者的。写作时免不了要将情感融入字里行间，所以我们应该熟悉"抒情"的方法，使文章具有打动人心的力量！

抒情文的段落结构

段落	一	二	三	四
结构	点出起因	发展过程	高潮转折	结果感想
内容	描写对象	引起触发	抒发情感	诉说感怀

▶ 该怎么描写情意？

写抒情文最常遇到的困难，就是找不到令人感动的事物，不是缺乏材料，就是内容少了情感，无法使人感动。其实，抒情文的材料就在日常生活中，可以描写亲情、朋友之间的友情，或是对社会事件进行评论，抒发关心之情。只要平日多多关心周遭的事物，就不怕"无情可书"。

因为情感是通过人、景、物来触发的，所以书写时，我们应该先将这些引发情感的事物描绘清楚，再运用想象力，让联想自然地散发开来，就像湖中的涟漪一般，让抒发情感的依据有足够的基础，写来就能真切动人，有凭有据。

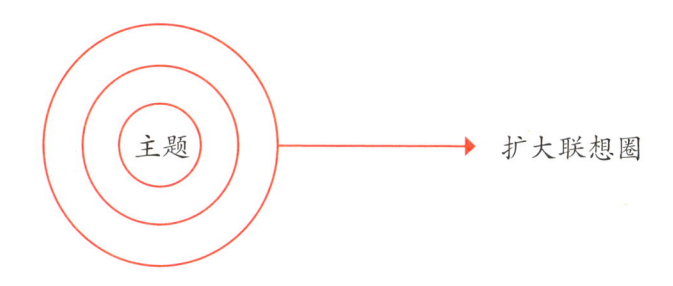

主题 ⟶ 扩大联想圈

想把抒情文写好，就要把握几个要领，分别是因人生情、叙事传情、感时诉情、咏物兴情、借景抒情和情理兼具。

1.因人生情

主要书写对人的感怀与思念。这类文章往往有生离死别的情境，或带着深深的感谢。写作重心多放在描写人物的言行举止、性格思想、相处细节等上。从与人物相处的点点滴滴，或是对某人事迹的了解，把我们对人物的感谢、崇敬或思念，娓娓道来，就能感受到那份深刻的情意。

以"春风化雨"为例，描写的对象是"老师"。老师是我们在学习与生活上关系密切的人，举一些和老师互动的例子，投入感受，就能写得细腻动人。

2.叙事传情

是借着说一件事情，寄托我们的情感。表面好像只是在讲事情，抒情的成分减少了，但其实是借着几件小事来表现感情。要诉说的"情"，最好能跟着"叙事"走，要"情随事转"，让情感随着事情的发展、经过和结果，有不同的转折，才显出情感

的波动。

通常作文都会要我们写正面的事,像"一件感人的事",充满温馨的气氛,比如目睹小学生扶老人家过马路。有时作文也会需要写悔过、反省的主题,如"一件后悔的事",表达要"哀而不伤""怨而不怒",将负面的情绪转化为乐观、豁达的情绪,表现进取的精神。

3.感时诉情

时节,指二十四节气,是从古时农作物耕作的情况来分的。春、夏、秋、冬四季的流转,影响了农作物的生长、收成,也改变了农民的生活。有些文章取材于时节,除了指季节,还包含了节庆,通过节日的意义带出蕴藏在背后的情感,写出故事。

写作时,首先要了解节日的特色和意义,再举出事例,描述在这个时间从事的活动。因为节日都带有特殊性,所以例子要紧扣着节日来发挥,然后自然地带出你对节日的感受。

4.咏物兴情

物品让我们想到某个人或事,所以"物"就是情感的象征,人对"物"产生的情感,是书写的重点。"物"可分为无生命的物品和有生命的植物、动物。"物品"要着重描述其对于你的意义;"植物"着重于对植物的观察和描绘;"动物"着重于与人的互动。

写作时,要先描绘"物"的特征,但是单这样还不够,必须加上人和事才行。

"人"是"物"的赠送者、买受人和拥有者,比如朋友送礼给你,朋友是赠送者,你就是礼物的拥有者;如果你买了一件物品,你就是物的买受人。只有将人、事、物融合在一起,才是文情并茂的抒情文。

5.借景抒情

如果你到了某个地方,看见美丽的风景,自然会对景物的美好产生感动之情,将观察到的地理变化,用文字写下来,让人感受到内心的感情。描写大自然,能引发我们不同的情怀;而生活在其中的生物,也能引起联想,比如

喜鹊的报喜、杜鹃的哀鸣，都能带来不同的情绪。

可以运用<u>拟人法</u>，将无生命的景，描绘得脉脉含情，让星星对你眨眼，让鱼对你说话，<u>情景交融</u>，像庄子一样，将万物当作有情的东西。取材上，需要累积<u>生活经验</u>，我们平日对四季的景色、季节交替的变化都要仔细地观察，走出户外，欣赏万物之美，写作才有灵感。

6.情理兼具

有些文章虽然侧重"议论"，但说理之余不忘抒情，使得议论能因为情感的抒发而更有说服力。有些文章虽然着重"抒情"，但如果能从情感层面挖掘"理趣"，文章就会呈现趣味性。

<u>先情后理</u>的写法，是先将情感表达后，再从情感升华出事理。至于<u>先理后情</u>，就要先将重心放在"议论"上，"情感"的比重较低，是通过说理表现热烈的情感或对他人的关怀。写作时，可将"情感"与"议论"分段写，也可以融合在一起，这就是<u>软性的议论文</u>。情理兼具的文章，字里行间充满了感性，使人觉得言之有理，又感动在心，接受文章传达的看法。

情 → 理（让情感不会泛滥成灾）

理 → 情（让理性不会冷酷无情）

名篇选读

1. 巴黎的鳞爪①（节选）／徐志摩

▶ 经典原文

咳巴黎！到过巴黎的一定不会再稀罕②天堂；尝过巴黎的，老实说，连地狱都不想去了。整个的巴黎就像是一床野鸭绒的垫褥，衬得你通体舒泰，硬骨头都给熏酥了的——有时或许太热一些。那也不碍事③，只要你受得住。赞美是多余的，正如赞美天堂是多余的；咒诅④也是多余的，正如咒诅地狱是多余的。巴黎，软绵绵的巴黎，只在你临别的时候轻轻地嘱咐一声"别忘了，再来！"其实连这都是多余的。谁不想再去？谁忘得了？

香草在你的脚下，春风在你的脸上，微笑在你

---

① 鳞爪：龙的鳞和爪。比喻琐屑、残余或无足轻重的事物。
② 稀罕：稀奇可贵。
③ 不碍事：不会妨碍事情的处理。
④ 咒诅：音 zhòu zǔ，用恶毒的言语诅骂祈求鬼神降祸他人。

的周遭。不拘束你，不责备你，不督饬①你，不窘②你，不恼你，不揉你。它搂着你，可不缚住你：是一条温存的臂膀，不是根绳子。它不是不让你跑，但它那招逗的指尖却永远在你的记忆里晃着。多轻盈的步履，罗袜③的丝光随时可以沾上你记忆的颜色！

但巴黎却不是单调的喜剧。赛因河的柔波里掩映着罗浮宫④的倩影，它也收藏着不少失意人最后的呼吸。流着，温驯的水波；流着，缠绵的恩怨。咖啡馆：和着交颈⑤的软语，开怀的笑靥⑥，有踞坐⑦在屋隅⑧里蓬头少年计较自毁的哀思。跳舞场：和着翻飞的乐调，迷醇的酒香，有独自支颐⑨的少妇

---

① 督饬：监督指挥。饬，音 chì。
② 窘：音 jiǒng，使为难。
③ 罗袜：丝织的袜子。
④ 罗浮宫：又译卢浮宫，法国旧王宫。为"louvre"的音译，位于巴黎市中心，塞纳河北岸，面积约 1.98 平方公里。腓力二世（1180—1223）时始建，历代国王增建，至 19 世纪完成。公元 1678 年，路易十四迁居凡尔赛宫，罗浮宫初次公开开放。1793 年，正式成立罗浮宫博物馆。
⑤ 交颈：比喻恩爱情深。
⑥ 笑靥：笑时脸上的微涡。
⑦ 踞坐：伸开两只脚，双膝弓起坐着。这种姿态有倨傲不恭、旁若无人之意。
⑧ 隅：音 yú，角落。
⑨ 支颐：用手托住脸颊。颐，音 yí。

思量着往迹①的怆心②。浮动在上一层的许是光明，是欢畅，是快乐，是甜蜜，是和谐；但沉淀在底里阳光照不到的才是人事经验的本质：说重一点是悲哀，说轻一点是惆怅③：谁不愿意永远在轻快的流波里漾着，可得留神了你往深处去时的发见！

▶认识名家

徐志摩（1897—1931），原名章垿（xù），字槱（yǒu）森，后改名志摩，浙江海宁人。现代著名诗人、散文家，也是武侠小说作家金庸的表哥。他出身富裕家庭，曾就读北京大学，留学美、英，后来在南京大学、北京大学等校教书。性格浪漫，一生追求"爱""自由""美"。1931年11月19日，他搭乘飞机由南京北上，去听一场建筑讲座时，飞机在雾中撞山坠机，逝世时只有34岁。

徐志摩的作品充满理想与热情，词藻华丽，音律优美，倡导新诗格律，对中国新诗的发展有着重要的贡献。著有诗集《志摩的诗》《翡冷翠的一夜》《猛虎集》等；散文集《我所知道的康桥》《落叶》《巴黎的鳞爪》《自剖》等；小说散文集

---

① 迹：往迹，往事。
② 怆心：哀伤的心情。怆，音 chuàng。
③ 惆怅：音 chóu chàng，悲愁、失意。

《轮盘》；另有日记《爱眉小札》《志摩日记》等。

▶题解

《巴黎的鳞爪》（节选）出自散文集《巴黎的鳞爪》，本文节选的部分仅为此文的开头。身为艺术家的徐志摩，来到他朝思暮想的艺术之都，如同游子寻见慈母，可以想见他当时是一种怎样的心情。文章一开始，作者就以他特有的富有激情的笔调，直接表达了感受。于不经意之中，营造着氛围。这种氛围让你无法克制自己要与作者一起神游巴黎，聆听作者漫谈对巴黎的观感。

▶解读思维导图：巴黎的鳞爪

这篇散文题为"巴黎的鳞爪"，换言之，是印象式地描述对巴黎的见闻，针对最精彩之处进行了扼要的散谈。本文只节选了这篇散文的开头，也就是对巴黎最概括的部分。因为好的文章开头，总会给读者留下难以忘怀的印象，不仅能引起人们阅读的向往，同时能将全文最重要的部分作为线索，提点读者进入。我们跟着这篇散文的开头，探索徐志摩如何经营一篇文章，并跟着他的目光，也来拼凑对巴黎的整体印象。

"巴黎"本身就是个迷人的名词，它是近代文明中艺术之美的展现，也是生活与艺术最完美的结合。作为一位痴迷于

▶ 思维导图

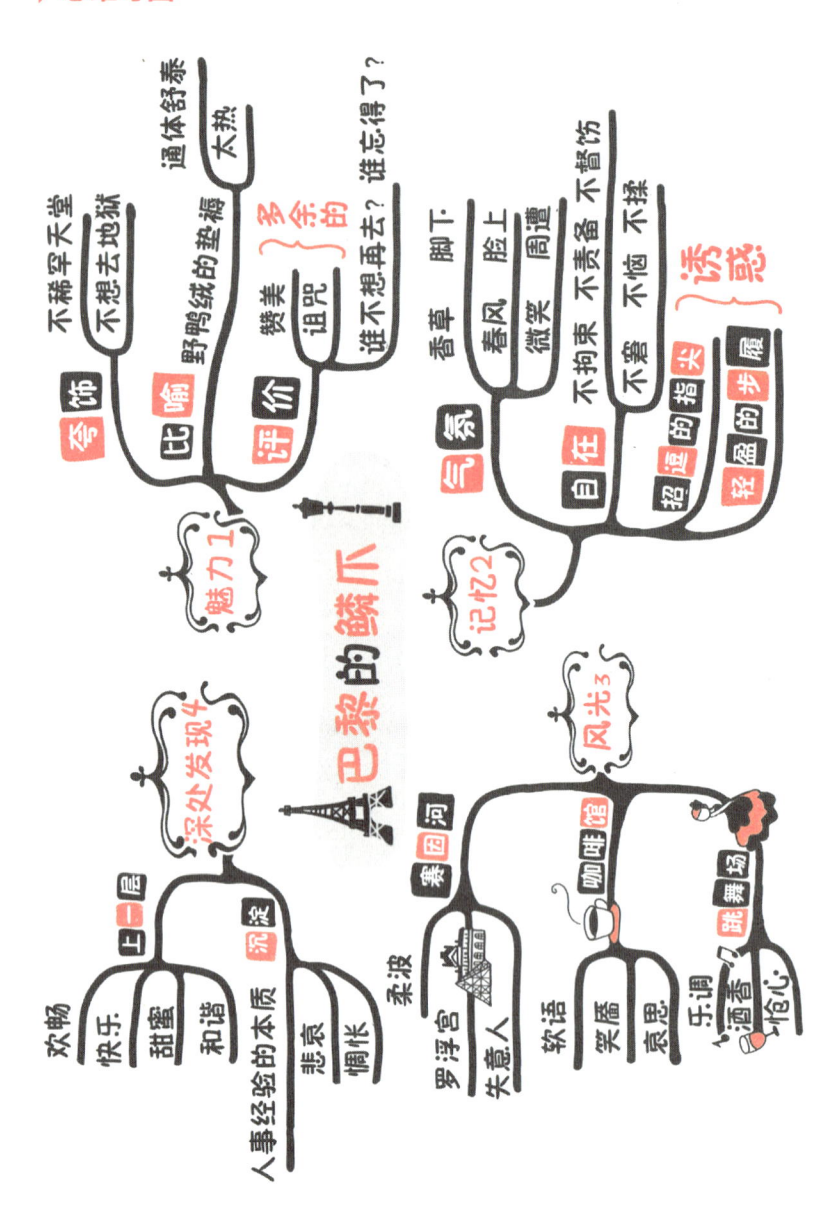

巴黎的鳞爪

魅力1
- 夸饰：不稀罕天堂／不想去地狱
- 比喻：野鸭绒的垫褥／通体舒泰／太热
- 评价：赞美／诅咒／多余的／谁不想再去？谁忘得了？

记忆2
- 气氛：香草／脚下／春风／脸上／微笑／周遭
- 自在：不拘束／不责备／不临不操
- 招逗的指尖
- 轻盈的步履
- 诱惑

风光3
- 塞因河：罗浮宫／失意人
- 咖啡馆：软语／笑靥／哀思
- 跳舞场：乐调／酒香／恰心

深处发现4
- 巴一启：欢畅／快乐／甜蜜／和谐
- 沉淀：人事经验的本质／悲哀／惆怅／柔波

艺术的文学家，徐志摩来到他朝思暮想的巴黎时，首先感受到的，便是巨大的震撼。因此，这篇文章的开头，我们可以看到他运用了夸张的手法，如此形容巴黎之行的美妙："到过巴黎的一定不会再稀罕天堂；尝过巴黎的，老实说，连地狱都不想去了。"将心里的冲击用夸张的方式表达出来，再适合不过。

接着，作者说："整个的巴黎就像是一床野鸭绒的垫褥，衬得你通体舒泰，硬骨头都给熏酥了的……"这里运用了相当具体的比喻法，将巴黎比喻成"一床野鸭绒的垫褥"，柔软、舒适，就像整座城市要人完全放下一切，尽情享受眼前的美好。在这里，"赞美是多余的"，"咒诅也是多余的"，因为真正的美好用语言难以形容，是让人说不出话来的。首段末尾"谁不想再去？谁忘得了？"说明的正是这样的感受。

在文章第二段，作者接连地运用"香草""春风""微笑"等光明、美好的事物，象征巴黎的温柔、自由与热情，这些会一一留存在作者的记忆中，留下轻盈的步履与无法遗忘的颜色。当然，巴黎并不是只有单一的面貌，在第三段首句"但巴黎却不是单调的喜剧"，作者表明了要我们更立体、更全面、更敏锐地去观看巴黎。这个充满诱惑的天堂，其实也存在着失意人最后的呼吸、少年自毁的哀思与少妇的怆心。这看似不协调的两面，其实才是巴黎最完整的面貌，她令人失意中有希冀，贫困中有着对艺术的坚持，伤心中仍有美酒与音乐。

巴黎多元的面貌，正是她迷人的所在，从这样的观看中，作者要我们思考的是："浮动在上一层的许是光明，是欢畅，是快乐，是甜蜜，是和谐；但沉淀在底里阳光照不到的才是人事经验的本质。"巴黎的美，自然是不能一眼就被看透的，她的美有深度、有内涵，人人都看得见轻快的流波，但往更深、更底层里头去观看后，或许才会发现一切事物的本质。

徐志摩的这篇散文写的是巴黎的"鳞爪"，但他不往绚丽的罗浮宫、壮观的凯旋门、迷人的赛因河去写，反而投向城市的边缘与角落，去观看这个城市中更底层、更本质的事物，因而他所见的是落寞的心灵、阴暗的画室、伤心的舞场，这种种的不协调，并不妨碍巴黎迷人的底蕴，反而更说明了这个城市艺术的本质。徐志摩运用这样的构思与切入角度，让我们看见巴黎人最真实、洒脱与轻快的一面，而这也正是徐志摩的散文最美好的特质之一。

学习贴士

▶ 文学小知识

1.**感叹**。如："咳巴黎！"

2.**夸张**。如："到过巴黎的一定不会再稀罕天堂；尝过巴黎的，老实说，连地狱都不想去了。"（夸张+排比）

3.**比喻**。如："整个的巴黎就像是一床野鸭绒的垫褥，衬得你通体舒泰，硬骨头都给熏酥了的……"

4.**排比**。如："赞美是多余的，正如赞美天堂是多余的；咒诅也是多余的，正如咒诅地狱是多余的。""香草在你的脚下，春风在你的脸上，微笑在你的周遭。""不拘束你，不责备你，不督饬你，不窘你，不恼你，不揉你。""流着，温驯的水波；流着，缠绵的恩怨。"

5.**设问**。如："谁不想再去？谁忘得了？"（激问）

6.**拟人**。如："它搂着你，可不缚住你：是一条温存的臂膀，不是根绳子。它不是不让你跑，但它那招逗的指尖却永远在你的记忆里晃着。"（拟人+比喻）

▶ **漫画经典**

到过巴黎的一定不会再稀罕天堂；尝过巴黎的，连地狱都不想去了。

香草在你的脚下，春风在你的脸上，微笑在你的周遭。

赛因河的柔波里掩映着罗浮宫的倩影，收藏着不少失意人的最后的呼吸。

谁不愿意永远在轻快的流波里漾着，但得留神了你往深处去时的发见！

▶ **文学游戏场**

一、阅读素养

(　　) 1. 作者徐志摩认为应该用什么态度去探索巴黎？
　　（A）享受欢唱、快乐、甜蜜、和谐的一面。
　　（B）往深处去挖掘人事经验的本质。
　　（C）永远在轻快的流波里漾着。
　　（D）享受翻飞的乐调与迷醇的酒香。

(　　) 2. 文中为什么说巴黎"是一条温存的臂膀,不是根绳子"？
　　（A）巴黎以魅力吸引人们，置身其中令人感到自在。
　　（B）巴黎有众多的美女，是一个温柔乡。
　　（C）巴黎的治安给人安全可靠的感觉。
　　（D）来过巴黎以后，就不想再去别的城市了。

二、向大师学写作

作文题目：

> 每逢假日，就有许多人投身大自然的怀抱，到郊外踏青、露营，可见旅游在我们的生活中，是一项重要的活动。你曾经去过什么地方旅行？在旅途中有什么发现？请以"××游记"为题，描写旅行时所见的景物、叙述经过和想法。

作文提示：

审题：半开放的题目，可以任选旅游的地点来作文，所以在取材时，应该找最熟悉、印象最深的来写，并且多多描写细节，才能表现作者的观察力。开头：使用比喻法，来解释作文题目的题意或主张，可以让内容更具体。为旅游的地点找个绝妙的比喻吧！经过：用抑扬法，先揭露都市的拥挤或空气污染，再褒扬旅游地点迷人的风景，两者拿来比较，可使主题更鲜明，并用夸张法来形容景色之美。结尾：运用期勉法，表现想再度来到此地旅行的期望。

三、思维导图练习

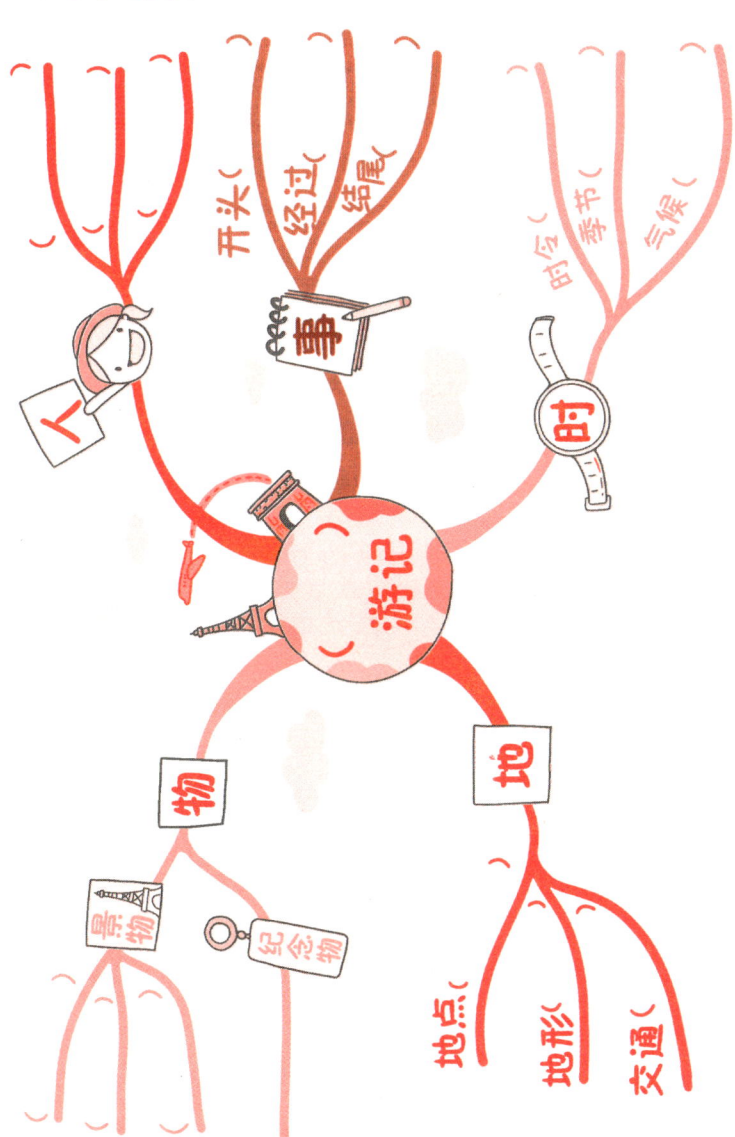

游记
- 人
- 事：开头、经过、结尾
- 时：时令、季节、气候
- 地：地点、地形、交通
- 物：景物、纪念物

提示：游记很适合以"人事时地物"分类，"事"和"物"要分得更细才好。

名篇选读

2. 蛛丝和梅花 / 林徽因

▶ 经典原文

　　真真地就是那么两根蛛丝，由门框边轻轻地牵到一枝梅花上。就是那么两根细丝，迎着太阳光发亮……再多了，那还像样么？一个摩登①家庭如何能容蛛网在光天白日里作怪，管它有多美丽，多玄妙，多细致，够你对着它联想到一切自然，造物的神工和不可思议处；这两根丝本来就该使人脸红，且在冬天多特别！可是亮亮的，细细的，倒有点像银，也有点像玻璃制的细丝，委实②不算讨厌，尤其是它们那么潇脱风雅③，偏偏那样有意无意地斜着搭在梅花的枝梢上。

　　你向着那丝看，冬天的太阳照满了屋内，窗明

---

① 摩登：现代的、时髦的。为英语"modern"的音译。指思想、穿着或言行新奇，迎合时尚。
② 委实：确实、真的。
③ 潇脱：态度自然大方，不受拘束的样子。风雅：文雅、儒雅。

几净，每朵含苞的，开透的，半开的梅花在那里挺秀①吐香，情绪不禁迷茫缥缈②地充溢心胸，在那刹那的时间中振荡。同蛛丝一样的细弱，和不必需，思想开始抛引出去：由过去牵到将来，意识的，非意识的，由门框梅花牵出宇宙，浮云沧波踪迹不定。是人性，艺术，还是哲学，你也无暇计较，你不能制止你情绪的充溢，思想的驰骋，蛛丝梅花竟然是瞬息可以千里！

好比你是蜘蛛，你的周围也有你自织的蛛网，细致地牵引着天地，不怕多少次风雨来吹断它，你不会停止了这生命上基本的活动。此刻"……一枝斜好，幽香不知甚处……"

拿梅花来说吧，一串串丹红的结蕊缀在秀劲的傲骨③上，最可爱，最可赏，等半绽将开地错落在老枝上时，你便会心跳！梅花最怕开；开了便没话说。索性④残了，沁香拂散同夜里炉火都能成了一种

---

① 挺秀：卓立不群，秀美出众。
② 缥缈：音 piāo miǎo，高远隐忽而不明。
③ 傲骨：高傲不屈的气骨。借指梅花。
④ 索性：干脆、直截了当。

温存①的凄清。

记起了，也就是说到梅花，玉兰。初是有个朋友说起初恋时玉兰刚开完，天气每天的暖，住在湖旁，每夜跑到湖边林子里走路，又静坐幽僻石上看隔岸灯火，感到好像仅有如此虔诚地孤对一片泓碧寒星远市，才能把心里情绪抓紧了，放在最可靠最纯净的一撮思想里，始不至亵渎②了或是惊着那"寤寐思服"③的人儿。那是极年轻的男子初恋的情景——对象渺茫高远，反而近求"自我的"郁结深浅——他问起少女的情绪。

就在这里，忽记起梅花。一枝两枝，老枝细枝，横着，虬④着，描着影子，喷着细香；太阳淡淡金色地铺在地板上；四壁琳琅⑤，书架上的书和书签都像在发出言语；墙上小对联记不得是谁

---

① 温存：温柔。
② 亵渎：音 xiè dú，轻视怠慢。
③ 寤寐思服：音 wù mèi sī fú，无时无刻都在想念。出自《诗经·周南·关雎》：窈窕淑女，寤寐求之。求之不得，寤寐思服。
④ 虬：音 qiú，蜷曲。
⑤ 琳琅：音 lín láng，美玉。四壁琳琅形容所见都是珍美的东西。

的集句；中条是东坡①的诗。你敛②住气，简直不敢喘息，颠起脚，细小的身形嵌在书房中间，看残照当窗，花影摇曳，你像失落了什么，有点迷惘。又像"怪东风着意相寻"，有点儿没主意！浪漫，极端的浪漫。"飞花满地谁为扫？"③你问，情绪风似地吹动，卷过，停留在惜花上面。再回头看看，花依旧嫣然④不语。"如此娉婷⑤，谁人解看花意"，你更沉默，几乎热情地感到花的寂寞，开始怜花，把同情统统诗意地交给了花心！

这不是初恋，是未恋，正自觉"解看花意"的时代。情绪的不同，不止是男子和女子有分别，东方和西方也甚有差异。情绪即使根本相同，情绪的象征，情绪所寄托，所栖止⑥的事物却常常不同。水和星子同西方情绪的联系，早就成了习惯。一颗星

---

① 东坡：人名，宋代文学家苏轼的自号。
② 敛：音 liǎn，约束、节制。
③ 飞花满地为谁扫：出自宋代陈允平《垂杨》词："飞花满地谁为扫，甚薄幸，随波缥缈。"
④ 嫣然：妩媚美好的样子。多用以形容笑容。
⑤ 娉婷：轻巧美好。娉，音 pīng。
⑥ 栖止：停留、居住。

子在蓝天里闪，一流冷涧①倾泄一片幽愁的平静，便激起他们诗情的波涌，心里甜蜜地，热情地便唱着由那些鹅羽的笔锋散下来的"她的眼如同星子在暮天里闪"，或是"明丽如同单独的那颗星，照着晚来的天"，或"多少次了，在一流碧水旁边，忧愁倚下她低垂的脸"。

惜花，解花太东方，亲昵自然，含着人性的细致是东方传统的情绪。

此外年龄还有尺寸，一样是愁，却跃跃似喜，十六岁时的，微风零乱，不颓废，不空虚，巅着理想的脚充满希望，东方和西方却一样。人老了脉脉②烟雨，愁吟或牢骚多折损诗的活泼。大家如香山③，稼轩④，东坡，放翁⑤的白发华发⑥，很少不梗⑦在诗里，至少是令人不快。话说远了，刚说是惜花，东方老少都免不了这嗜好，这倒不论老的雪鬓曳杖，

---

① 涧：音 jiàn，山中的流水。
② 脉脉：音 mò mò，眼神含情，相视不语的样子。
③ 香山：唐代诗人白居易的别号。因曾构石楼于香山，故称为"香山居士"。
④ 稼轩：宋代词人辛弃疾的号。
⑤ 放翁：宋代著名诗人陆游的号。
⑥ 华发：花白的头发。
⑦ 梗：音 gěng，阻塞。

深闺里也就攒眉①千度。

最叫人惜的花是海棠一类的"春红"，那样娇嫩明艳，开过了残红满地，太招惹同情和伤感。但在西方即使也有我们同样的花，也还缺乏我们的廊庑②庭院。有了"庭院深深深几许"③才有一种庭院里特有的情绪。如果李易安④的"斜风细雨"⑤底下不是"重门须闭"也就不"萧条"得那样深沉可爱；李后主⑥的"终日谁来"⑦也一样的别有寂寞滋味。看花更须庭院，深深锁在里面认识，不时还得有轩窗栏杆，给你一点凭藉，虽然也用不着十二栏杆倚遍，那么慵弱无聊。

当然旧诗里伤愁太多；一首诗竟像一张美的证

---

① 攒眉：皱紧眉头。形容忧虑不快的神态。攒，音 cuán。
② 廊庑：堂前东西两侧的厢房。庑，音 wǔ。
③ 庭院深深深几许：幽深的庭院不知有多深。出自宋朝欧阳修《蝶恋花》："庭院深深深几许，杨柳堆烟，帘幕无重数。玉勒雕鞍游冶处，楼高不见章台路。雨横风狂三月暮，门掩黄昏，无计留春住。泪眼问花花不语，乱红飞过秋千去。"
④ 李易安：宋代词人李清照。
⑤ 斜风细雨：此句及以下引文，出自李清照《念奴娇·春情》："萧条庭院，又斜风细雨，重门须闭。宠柳娇花寒食近，种种恼人天气。险韵诗成，扶头酒醒，别是闲滋味。征鸿过尽，万千心事难寄。楼上几日春寒，帘垂四面，玉阑干慵倚。被冷香消新梦觉，不许愁人不起。清露晨流，新桐初引，多少游春意。日高烟敛，更看今日晴未。"
⑥ 李后主：南唐后主李煜，世称"李后主"。
⑦ 终日谁来：出自李后主《浪淘沙》："往事只堪哀，对景难排。秋风庭院藓侵阶。一任珠帘闲不卷，终日谁来。金锁已沉埋，壮气蒿莱。晚凉天净月华开。想得玉楼瑶殿影，空照秦淮。"

券，可以照着市价去兑现！所以庭花，乱红，黄昏，寂寞太滥，诗常失却诚实。西洋诗，恋爱总站在前头，或是"忘掉"，或是"记起"，月是为爱，花也是为爱，只使全是真情，也未尝不太腻味。就以两边好的来讲。拿他们的月光同我们的月色比，似乎是月色滋味深长得多。花更不用说了；我们的花"不是预备采下缀成花球，或花冠献给恋人的"，却是一树一树绰约①的，个性的，自己立在情人的地位上接受恋歌的。

所以未恋时的对象最自然的是花，不是因为花而起的感慨——十六岁时无所谓感慨——仅是刚说过的自觉解花的情绪，寄托在那清丽无语的上边，你心折它绝韵孤高，你为花动了感情，实说你同花恋爱，也未尝不可——那惊讶狂喜也不减于初恋。还有那凝望，那沉思……

一根蛛丝！记忆也同一根蛛丝，搭在梅花上就由梅花枝上牵引出去，虽未织成密网，这诗意的前

---

① 绰约：柔媚婉约。绰，音 chuò。

后，也就是相隔十几年的情绪的联络。

午后的阳光仍然斜照，庭院阒然①，离离疏影②，房里窗棂③和梅花依然伴和成为图案，两根蛛丝在冬天还可以算为奇迹，你望着它看，真有点像银，也有点像玻璃，偏偏那么斜挂在梅花的枝梢上。

▶ **认识名家**

林徽因（1904—1955），原名林徽音，福建福州闽县（今闽侯县）人，中国著名建筑师、诗人，是人民英雄纪念碑和中华人民共和国国徽深化方案的设计者。她是建筑师梁思成的第一任妻子，1928年与梁思成结婚，夫妇一起考察过多处古代建筑，与诗人徐志摩、作家沈从文、学者金岳霖等，有很好的往来与情谊。创作多样，有诗歌、小说、散文、话剧剧本等，被时人称为"才女"。

林徽因的散文风格独特，数量虽不多，但行文简洁，文字活泼，想象力奇特，她将建筑师的科学精神和本身的文学气质糅合，灌注于文中，一些精辟的见解颇具有借鉴价值。作品有

---

① 阒然：静无人声。阒，音 qù。
② 离离：分披繁盛的样子。疏影：物影稀疏。
③ 窗棂：窗上以木条交错制成的格子。棂，音 líng。

《林徽因讲建筑》（南粤出版社、陕西师范大学出版社）等。其子梁从诫为她编选《林徽因文集》以及《林徽因建筑文集》（台北：艺术家出版社）。

另有陈学勇所编的《林徽因文存（建筑）》（四川文艺出版社）等。

▶ 题解

《蛛丝和梅花》出自《林徽因文集》。本文借物起兴，描写了两根蛛丝经过门框牵到一枝梅花上的小景致，引发了作者的种种联想。在作者的笔下，由蛛丝和梅花构成的"蛛丝梅花图"，不但美丽，而且玄妙、细致，令人联想到自然造物的神工和不可思议处。文字如诗一般清丽婉转，表现出诗意的美。

▶ 解读思维导图：蛛丝和梅花

林徽因的这篇散文，是典型的"小题大做"，内容以极微小、乍看毫不起眼的"蛛丝"为起点，联结到门框上的一枝梅花，接着将思绪往外扩张，想到了宇宙、一些古往今来的浪漫诗歌、典故，从而引发对东西方文化的比较，最后再谈到花与恋爱。可以说，林徽因在这篇文章中，将她的想象力和联想力发挥得淋漓尽致。

文章是从冬日的午后开始的，作者在房中窥探到两根蛛

PART 5
想象力好好玩：抒发情意

▶ 思维导图

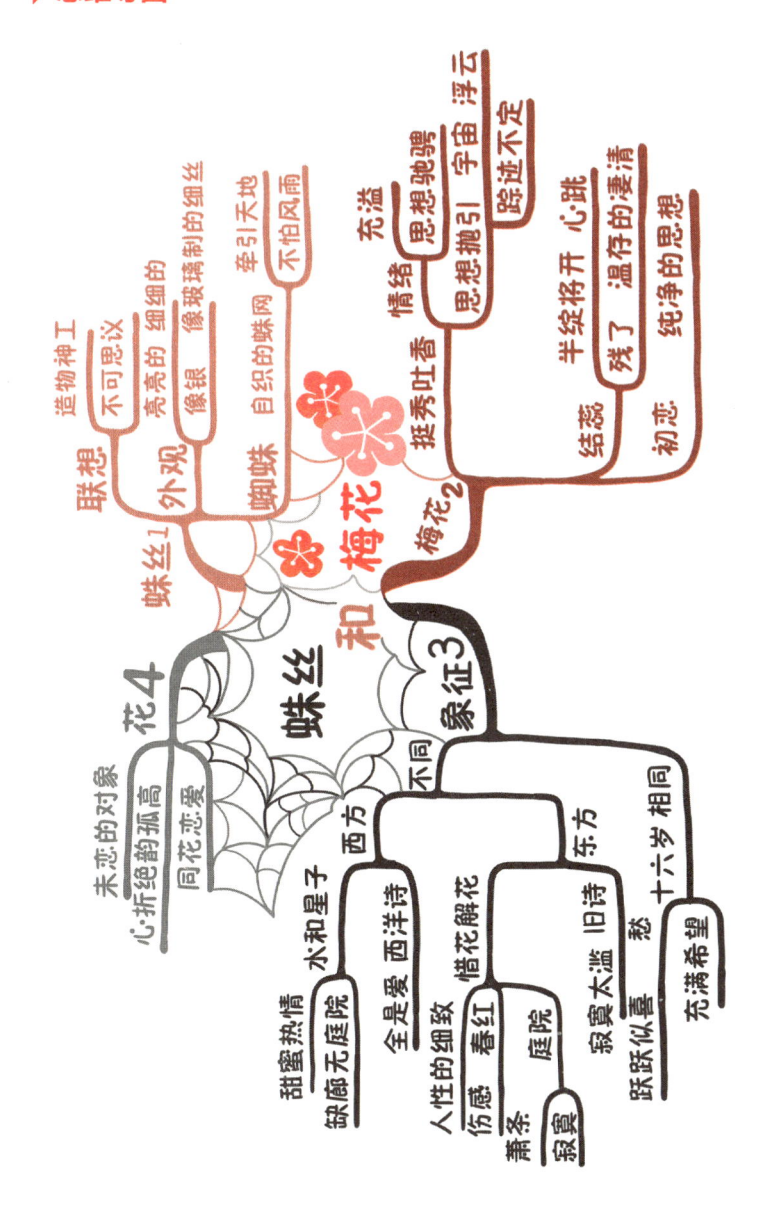

蛛丝和梅花

蛛丝1
- **联想**
  - 造物神工
  - 不可思议
- **外观**
  - 细细的
  - 亮亮的
  - 像银
  - 像玻璃制的细丝
- **蜘蛛**
  - 自织的蛛网
  - 牵引天地
  - 不怕风雨

梅花2
- **挺秀吐香**
- **情绪**
  - 充溢
  - 思想驰骋
  - 思想抛引
  - 宇宙浮云
  - 踪迹不定
- **结蕊**
  - 半绽格开
  - 残了
  - 心跳
  - 温存的凄清
- **初恋**
  - 纯净的思想

象征3
- **不同**
  - 西方
    - 水和星子
    - 全是爱 西洋诗
    - 惜花解花
    - 甜蜜热情
    - 缺廊无庭院
    - 人性的细致
    - 伤感
    - 春红
    - 庭院
  - 东方
    - 寂寞太温 旧诗
    - 愁
    - 寂寞似喜
    - 萧条
    - 寂寞
    - 跃跃似喜
- **十六岁相同**
  - 充满希望

花4
- 未恋的对象
- 心折绝韵孤高
- 同花恋爱

丝，通过门框联系着窗外的梅花。这原本是再普通不过的景象，但是通过她独特的视角来看，细微的蛛丝却银闪闪地牵引着内心的想象。她想，人倘若像是蜘蛛，也总是织着自己生命的罗网，这罗网不仅牵连起天地，也勾连着无数的情感与回忆；而这些情感与回忆在文章里头，也都与"花"脱不了关系。

梅花绽放时最是可爱、可赏，但是一旦开了便逐渐走向凋残，就像是人生，从出生开始便走向死亡。反倒是梅花半绽时刻的错落，含苞却让人心跳。这里写的不仅是花，当然也是爱情。作者讲起一个朋友的初恋，当时玉兰花刚开完，暖天里这个心情郁结的男子，只有在幽静的石上观看隔岸的灯火，才能让自己的心绪不再飘摇。这样的心绪荡漾、渺茫高远，就好像是冬日午后在书房中观看着窗外的梅花，情绪风似的吹动，但是花始终嫣然不语。

作者不禁想到古人的诗句中，关于"怜花"的部分，不论是东坡的诗，还是诸如"怪东风着意相寻""飞花满地谁为扫？""如此娉婷，谁人解看花意"等，这些极度浪漫的诗句，都牵动着人的情感，比如失落、没主意、沉默、热情、寂寞、同情……这些形容花的诗句，其实也是在表达人的种种情感，诗心等同于花心。

"这不是初恋，是未恋，正自觉'解看花意'的时代。"作者认为，对情感一知半解的少男少女，还不认识爱情为何物，却开始懂得从花意去表露自我的情感，这种情绪的抒发不仅男女有别，东西方也不一样。东方人传统上习惯含蓄的表达，诗意之中不免委婉保留，不会大剌剌地写着："她的眼如同星子在暮天里闪。"如果说，"水和星子"是西方人情感容易投射之物，那么东方人的惜花、解花，自然更包含了人性的细致与传统。

　　文章接着谈到了"惜花"。作者以为最该关注的是海棠一类的"春红"，因为在中国的传统诗词里，像李清照、李后主，都用这类花来深刻表露他们的思念与亡国之痛。这些作品的伤愁太多，某种程度上，也有不少"为赋新词强说愁"者，把花给写滥、写俗了。对作者而言，最值得珍惜的，其实是为花的孤韵高绝所感动那初发的情感，也就是"未恋"时期，那时只知道爱花，情感更为纯粹，"那惊讶狂喜也不减于初恋"，这样的美，更为作者所赞颂。

　　到了文章末尾，作者跳离了内心的联想，将场景拉回现实的书房。前述的种种或许不过是片刻思绪的游走，却由细小的蛛丝写起了花，由花写起古人寄寓花语的传统，再由这样的传统联系起文学作品中所表露的花与生命、家国的联结。可以说，在这样的一篇短文中，林徽因以其独特的诗化的语言，为我们示范了"一沙一世界""万物静观皆自得"的写作奥义。

学习贴士

▶ 文学小知识

1.**设问**。如："再多了,那还像样么?"(提问)

2.**排比**。如："一枝两枝,老枝细枝,横着,虬着,描着影子,喷着细香。"

3.**反复**:在文章中,为了强调某种意思、突出情感,特意重复使用某些词语、句子或段落等。如:"可是亮亮的,细细的,倒有点像银,也有点像玻璃制的细丝"与"你望着它看,真有点像银,也有点像玻璃"(首尾呼应)。

4.**拟人**。如:"尤其是它们那么潇脱风雅,偏偏那样有意无意地斜着搭在梅花的枝梢上""四壁琳琅,书架上的书和书签都像在发出言语"等。

5.**联想**。如:"同蛛丝一样的细弱,和不必需,思想开始抛引出去:由过去牵到将来,意识的,非意识的,由门框梅花牵出宇宙,浮云沧波踪迹不定。"(由蛛丝联想到宇宙)

6.**比喻**。如:"好比你是蜘蛛,你的周围也有你自织的蛛网""一首诗竟像一张美的证券,可以照着市价去兑现"等。

7.**转化**。如:"才能把心里情绪抓紧了,放在最可靠最纯净的一撮思想里"。

8.**引用**。如:"寤寐思服""怪东风着意相寻""飞花满地谁为扫?""如此娉婷,谁人解看花意""庭院深深深几许"等。

9.**对比**。如:"水和星子同西方情绪的联系,早就成了习惯。""惜花,解花太东方,亲昵自然,含着人性的细致是东方传统的情绪""当然旧诗里伤愁太多……西洋诗,恋爱总站在前头"(东西方文化、诗歌风格对比)。

▶ **漫画经典**

两根蛛丝，由门框边轻轻地牵到一枝梅花上，由此联想到一切自然。

有个朋友说起初恋时玉兰花刚开完，对象渺茫高远，令人寤寐思服。

十六岁时，踮着理想的脚充满希望，一样是愁，却跃跃似喜。

未恋时的对象最自然的是花，你为花动了感情，实说你和花在恋爱。

▶ **文学游戏场**

一、阅读素养

(   ) 1.文中说梅花"等半绽将开地错落在老枝上时,你便会心跳"的意思是?

　　　　(A) 把同情统统诗意地交给了花心。

　　　　(B) 惋惜梅花即将凋谢了。

　　　　(C) 作者独独钟爱含苞待放时的梅花。

　　　　(D) 影射恋爱,在恋情尚未明朗时最吸引人。

(   ) 2.作者对爱情的看法,以下哪个不正确?

　　　　(A) "未恋"时期的情感更为纯粹。

　　　　(B) 对爱情一知半解的少男少女,已经懂得从花意表露情感。

　　　　(C) 同花恋爱的感觉更胜过与人恋爱。

　　　　(D) 东方人的传统是习惯含蓄地表达爱情。

二、向大师学写作

作文题目：

> 在我们身处的环境里，有许多新奇美好的事物等着我们去挖掘。不管是建筑特色、历史文化，还是自然生态，生活的乐趣俯拾皆是。对于你生活的地方，你是否探访过每个角落？请以"最美的角落"为题，选择你认为最美的角落，写一篇记叙、抒情兼具的文章。

作文提示：

审题：美，除了外表的美，也有内在的美，但是内在不像外在那么容易辨认，所以撰写文章必须搭配特殊的事件、感受，才能突显"美"的价值。开头：可用反起法，从主题的反面开始写起，例如先说大范围的部分，描述自己的学校老旧，似乎毫无美感，然后缩小范围，点出学校的某个角落使校园美丽起来。经过：用列举法，描绘几样和角落有关的事物，从事物的颜色、材质、触感等写起，并描述自己待在角落时进行的活动。结尾：运用怀念法，借着对人、事、景、物的回忆，抒发想念的心情，能使结尾有余韵不绝的效果。

三、思维导图练习

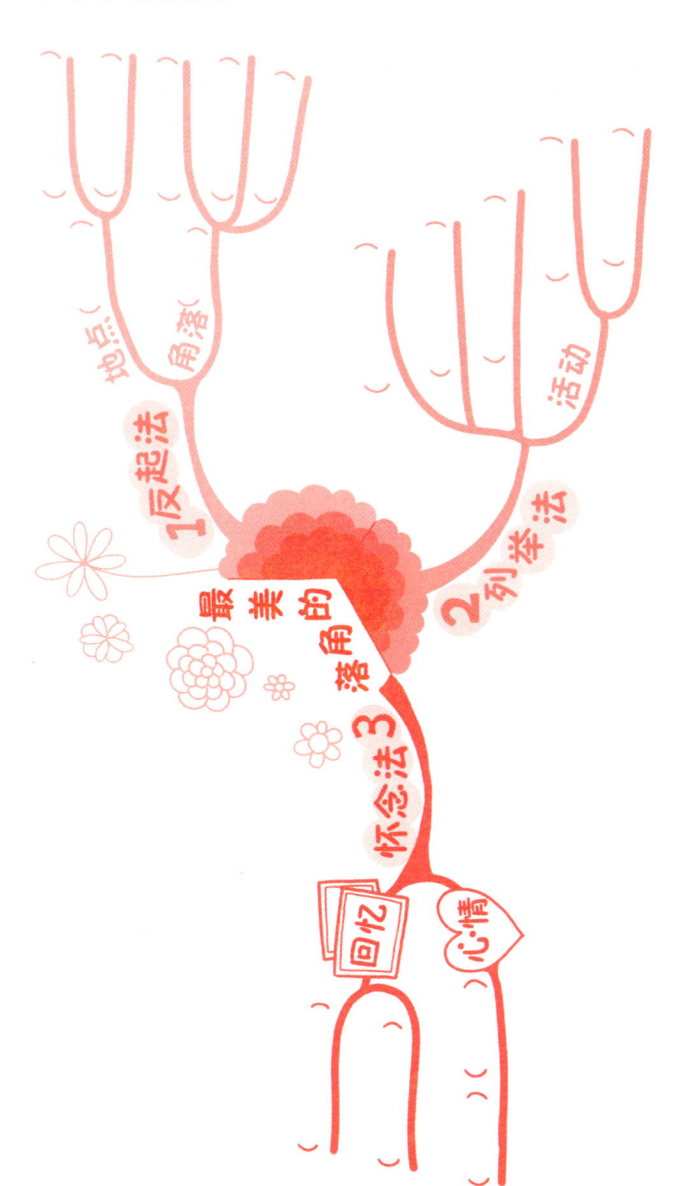

提示：由大范围的"地点"，描写到小范围的"角落"，是缩小的写法。

名篇选读

3. 苦笑 / 王尚义

▶ **经典原文**

  晌午①，我从一个淡漠②的梦中醒来。梦——像我生命所做过许多同样淡漠的梦中的一个。但是因为这是晌午，而且很静，我醒来，好像身上还疏落地牵累着几根梦的轻丝。我懒懒地坐下，吮③一口茶，茶是未喝完的半杯，浓而且苦，燃起一支烟，蓝色的忧郁立刻从指尖飘起了……

  我梦见了什么人呢？好像是一个人，一个扰人的影子，好像是有花，有希望，有春天，然而都是过去了的。平时我总未想象过这样的事，既然是过去了的，严格地说来，应该什么也没有，可是分明是梦，分明有个思想的幻影，分明还有些甜美的

---

① 晌午：音 shǎng wǔ，中午。
② 淡漠：淡泊恬静。
③ 吮：音 shǔn，用口吸取。

品味，为什么呢？难道人生就是这些捉摸不定的东西？难道像是有的，毕竟是没有的，难道空就是美，美就是空吗？想到这里，我渐渐悟了，我狠狠地唾弃①了那个梦的幻觉！

可是，这是晌午，而且很静，坐着也像是幻觉，透明的纱窗结挂着蛛网，蓝天在方形的格子里张弛②着，有几朵碎絮般的云片不定地悠游，时聚时散，时近时远，在窗格子上打着弧形的回旋③。我真不了解，云何以如此轻盈浪漫？也许天是高的、大的，没有阻拦，也许云没有挣扎，没有期待，没有残破的意想，唉！我终于不是云呵！我坐在地上有形的竹椅里，伴着有形的自我，说不定这就是一切的根源。

树梢，带点淡黄色油嫩的树梢，渐渐地放出它的幻彩，辉映着灰色屋顶闪烁的阳光，像是漠影，有无限的情趣。风撩过的时候，几片伸展的叶子，

---

① 唾弃：轻视鄙弃。
② 张弛：本指拉紧与放松弓弦，后比喻事物的急缓、进退、起落等。
③ 回旋：旋转、盘旋。

扬起又回落，真够洒脱，风不息的来，不息的去，树梢从未得到过什么，难怪它不失望、不怅惘①；不似忧戚②的我，甚至相信一个梦，甚至老打不断那个刚从梦中醒来的感觉。

这是晌午，而且很静，如果说有谁伴着我，怕是这个茶几上落满了灰尘的花瓶。还有几朵黯淡的残花，花瓶本来是种沉郁的灰色，这灰色如今被残花点缀得更沉郁了，最惹人怜惜的是落下的花片，花片以平静的安详对我……

"这不是很可笑吗？不是很可笑吗？"花说，"你看，我生在春天，我怒放，我娇艳，我惹人爱羡；过了几天，我衰败，我凋落，我静默，我安然，我回到原来的地方，一切都过去了，可是毕竟没有一切呵！不是很可笑吗？你坐在这里，以为自己有个静静的时间，你思想，你做梦，你醒来，你做了些什么呢？以为得到些什么呢？虽然没有追求、等待，你信仰，你奉献，可是你也不过是几

---

① 怅惘：惆怅失意。
② 忧戚：忧愁哀伤。

天，短短的时间，短短的。虽然是晌午，虽然很静，虽然你有些诗意，虽然是悟了生命的奥秘，蠢呵……"

这真是可笑，我微微地摇头，我的嘴角拉开了，我对着自己笑，对着有形的一切笑——我对着瓶里的花笑，花落尽了，我对着手上的烟笑，烟燃完了，我对着杯里的茶笑，茶还有一口，我决然地端起，刹那间，我的笑容融化在那仅剩的一口浓液里，深深地有些苦味，刹那间，我吞灭了……

这是晌午，而且很静……

▶认识名家

王尚义。参见P26。

▶题解

《苦笑》出自《深谷足音》。作者描述自己做了一个梦，从梦境出发，用联想的方式，由外物开始观察：看蓝天、白云，看树梢、花朵，等等，逐步地向内在探索对人生、对生命的种种想

---

① 决然：果断坚决的样子。

法。在思想上，表现出对"自然""无常"的体悟，颇贴近道家的哲学思想。在技巧上，借着点燃的烟飘散出来的轻烟，营造了虚无缥缈的氛围，使读者跟着烟、跟着作者的思绪，进行一场心灵之旅。

▶ 解读思维导图：苦笑

　　文章从中午做了一个"梦"开始写起。作者的梦，只不过是日常之间很平常的梦，但因为是在沉静无比的中午，于是，醒来好像还有着梦的余韵存在，作者将之比喻为"轻丝"。这个"我"，喝了一口之前未喝完的浓茶，点起了烟，在虚无缥缈的烟雾中，也陷入了忧郁的思索。"浓而且苦"的茶，象征了作者此时此刻的心境，不论是轻丝还是烟，都具体地呈现了梦的虚幻。

　　第二段，作者开始思索着，梦里头所见的到底是什么？开头的一句提问"我梦见了什么人呢？"引起读者无数的想象。他认为梦好像"有花""有希望""有春天"，所代表的都是美好、光明的事物，但是这些"都是过去了的"，只在梦里昙花一现。于是，他思索梦的不确定性，以及人生的不确定性，他质疑这些美好的事物，难道终究都是一场"空"？于是他说，想要"唾弃"刚刚做过的梦。作者的思绪，随着抽象的描述，一正一反地逐步呈现对于人生、美和无常的辩证。

　　然而，恬静的晌午，一切是那样的美好。从第三段开始，

PART 5
想象力好好玩：抒发情意

▶ 思维导图

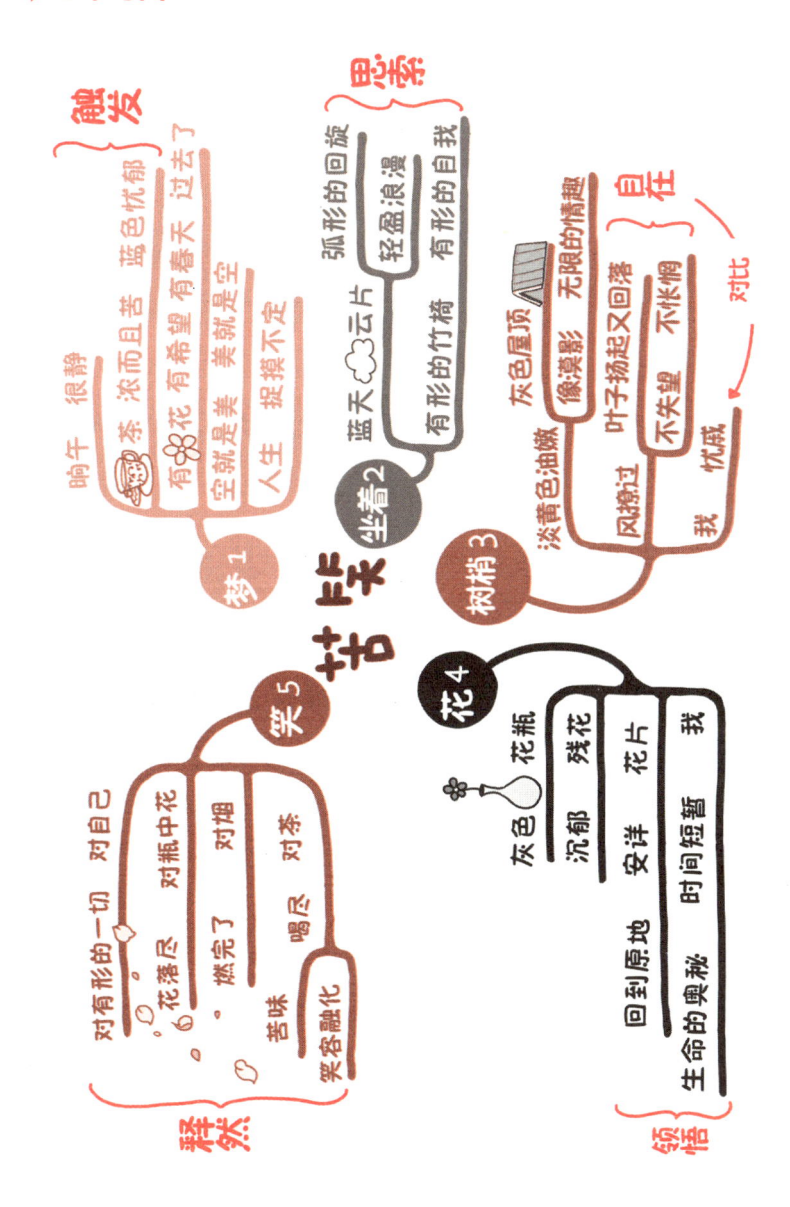

苦李

梦1 （触发）
- 响午
- 很静
- 苯 浓而且苦
- 有花 浓而且苦 蓝色忧郁
- 有希望 有春天 过去了
- 空就是美
- 美就是空
- 人生 捉摸不定

坐着2 （思索）
- 蓝天 云片 弧形的回旋 轻盈浪漫
- 有形的竹椅 有形的自我

树梢3 （自在）
- 灰色屋顶 像蓑影 无限的情趣
- 淡黄色油嫩
- 风掠过 叶子扬起又回落 不失望 不怅惘
- 我 忧戚
- 对比

花4 （领悟）
- 灰色 花瓶 残花 花片 我
- 沉郁 安详 时间短暂
- 回到原地 生命的奥秘

笑5 （释然）
- 对有形的一切 对自己
- 花落尽 对瓶中花
- 燃完了 对泪
- 喝尽 对苯
- 苦味 笑容融化

227

作者便从对外物的观察转而探寻生命的奥秘。他先看到蓝天里有云片飘忽着,希望自己就像那片云,能自由自在、不受形体拘束,在高大而没有阻拦的天空中翱翔;然而"我"之为"我",却是必须受限在形体中,又使他感到怅惘。

接着,作者将视野移到了"淡黄色油嫩的树梢",运用视觉描写描述风吹过之际,叶子"扬起又回落"的潇洒姿态。他想,"树梢"从未得过什么,却也不忧愁什么,树的自由与"我"对照起来,"我"的忧愁便显得无足轻重了。他又将视野移到了花瓶里的"残花","花"原本是顺着四季生长,现在在花瓶里养了几天后就凋谢了,而后又回到大自然,"回到原来的地方",这就是生命的奥秘。想到这里,作者似乎觉得该让人生顺其自然些才是。

文章最后,"我"以轻微地摇摇头、对着自己笑、对着有形的一切笑、对着花笑等,来表达对忧愁的接受与释然态度。

花原本生存在大自然中,能够美丽、优雅地绽放,可是人们硬是将花朵供养在花瓶中,只剩下短暂的生命,不正如人们总是刻意地想用人为的力量改变一切?到头来,为自己带来无数的烦恼,与蓦然回首的虚空。我们从作者对一场梦的有感而发,跟随他思索人生的捉摸不定、对外物的观察、对内在的省思,看见作者体悟到生命的奥秘,与道家"自然""无为"的思想不谋而合,同时受到启迪。

本文题为"苦笑",当看到作者的笑容,在最后被融化于一口苦茶之中时，我们才了解，苦与笑其实都是"人生"的必然，唯有静观皆自得地看待生命与周遭的一切，才会真正感受到生命的奥妙与值得醒悟之处。文中出现四次"这是晌午，而且很静"，就是告诉我们，要珍惜生命中单纯的美好，只有当内心真正平静，与自己对话，方能了解生命与存在的本质。

学习贴士

▶文学小知识

1.**比喻**。如："梦——像我生命所做过许多同样淡漠的梦中的一个"等。

2.**反复**。如："这是晌午，而且很静"（全文重复四次）。

3.**转化**。如："燃起一支烟，蓝色的忧郁立刻从指尖飘起了"（化虚为实）。

4.**设问**。如："我梦见了什么人呢？好像是一个人，一个扰人的影子"（提问）、"为什么呢？难道人生就是这些捉摸不定的东西？"（疑问）、"我真不了解，云何以如此轻盈浪漫？"（提问）。

5.**排比**。如："可是分明是梦，分明有个思想的幻影，分明还有些甜美的品味""我怒放，我娇艳，我惹人爱羡""我衰败，我凋落，我静默，我安然""你思想，你做梦，你醒来……你信仰，你奉献"等。

6.**顶真**：用前面结尾的词语或句子作下文的起头。如："难道空就是美，美就是空吗？"（顶真＋设问）

7.**感叹**。如："唉！我终于不是云呵！"

8.**视觉描写**。如："树梢，带点淡黄色油嫩的树梢，渐渐地放出它的幻彩，辉映着灰色屋顶闪烁的阳光""花瓶本来是种沉郁的灰色，这灰色如今被残花点缀得更沉郁了"等。

9.**拟人**。如："树梢从未得到过什么，难怪它不失望、不怅惘""花片以平静的安详对我……"

10.**类叠**。如："短短的时间，短短的。"（叠字）

▶ **漫画经典**

晌午,我从一个淡漠的梦中醒来,吮一口茶,茶浓而且苦。

我坐在地上有形的竹椅里,伴着有形的自我,发现生命的奥秘。

带点淡黄色油嫩的树梢,从未得到过什么,难怪它不怅惘。

我的笑容融化在那仅剩的一口浓液里,深深地有些苦味。

▶ **文学游戏场**

一、阅读素养

(　　) 1. 作者从梦、云朵、树梢、花等，主要领悟了什么道理？

　　（A）"忧郁"是诗人的本质。

　　（B）自然和无常的"生命的奥秘"。

　　（C）"幻想"对创作的重要性。

　　（D）被自己"有形身体"限制的无奈。

(　　) 2. 作者的"梦境"："好像是有花，有希望，有春天"，说的是什么？

　　（A）指作者是个爱做梦的诗人。

　　（B）好梦往往揭示人内心的不安。

　　（C）预示未来的人生充满了希望。

　　（D）感叹美好的事物像梦一样短暂而虚幻。

二、向大师学写作

作文题目：

> 窗户，可开可关，但是窗户存在的目的是什么？是为了敞开心灵，还是为了封闭思想？人们在心里关上了窗，就是为了戒备、提防、拒绝他人。你愿意打开心窗，邀请别人进入你的内心世界吗？请以"打开心灵的窗"为题，写出自己的想法。

作文提示：

审题：题意较为抽象，首先应了解人的心灵容易受伤，因此容易与人隔绝，为了自我保护而封闭，所以要描述关闭心灵时的负面状态，与打开心灵的正面价值及产生的改变。开头：使用解题法，巧用比喻，形容心灵也需要耕耘，细心呵护，如同一颗平凡的种子长成稻穗，最后是丰收的喜悦。经过：运用列举法，分为三段，分别说明打开心灵的窗可以带来朋友、快乐和爱，并且将使人成为真诚和善于分享的人，带来人生的光明面。结尾：用勤勉法，有劝说与鼓舞、激励人心的作用，鼓励读者打开心灵的窗，就能让生命有新的改变。

三、思维导图练习

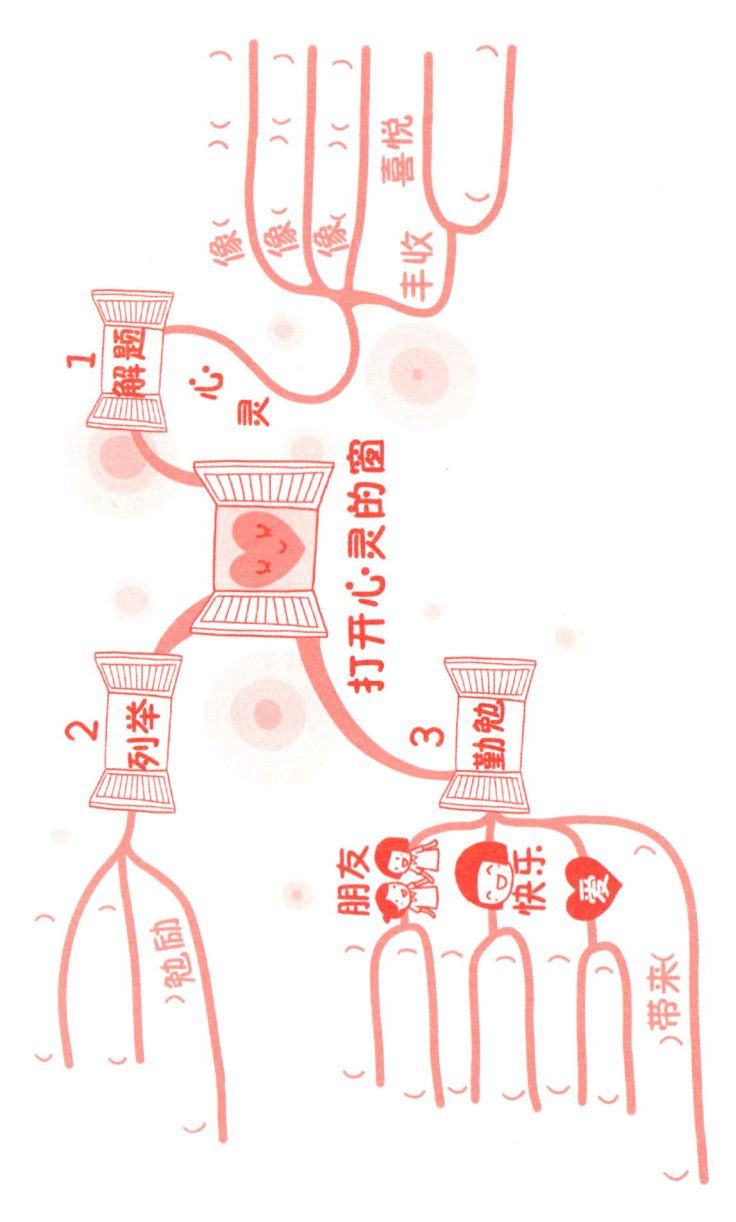

打开心灵的窗

1 解题 — 心灵 — 丰收、像、像、像、喜悦
2 列举 — 勉励
3 勤勉 — 朋友、快乐、爱 — 带来

提示："心灵"是内容的核心，每一个关键字、词都要紧扣着它。

"阅读素养"参考答案

《差不多先生传》：1. A 2. D

《童心》：1. B、C 2. C

《美丽的姑娘》：1. C 2. B

《战士和苍蝇》：1. B、C 2. D

《饿》：1. B、D 2. A、C

《怕鬼》：1. D 2. B

《春》：1. B 2. C

《白水漈》：1. C、D 2. A

《春雨》：1. C 2. B

《落花生》：1. D 2. A

《钢铁假山》：1. B、C 2. D

《风筝》：1. C 2. B

《巴黎的鳞爪》（节选）：1. B 2. A

《蛛丝和梅花》：1. D 2. C

《苦笑》：1. B 2. D

图书在版编目（CIP）数据

文学大师的 15 堂作文课 / 高诗佳著 . -- 北京：北京时代华文书局，2024.5
ISBN 978-7-5699-4607-9

Ⅰ . ①文… Ⅱ . ①高… Ⅲ . ①作文课－小学－教学参考资料 Ⅳ . ① G624.243

中国版本图书馆 CIP 数据核字 (2022) 第 064592 号

中文简体版通过成都天鸢文化传播有限公司代理，经五南图书出版股份有限公司授权大陆独家出版发行，非经书面同意，不得以任何形式，任意重制转载。本著作限于中国大陆地区发行。

北京市版权局著作权合同登记号 图字：01-2021-6270

Wenxue Dashi De 15 Tang Zuowenke

出 版 人：陈　涛
策划编辑：樊艳清
责任编辑：樊艳清
执行编辑：耿媛媛
装帧设计：迟　稳
责任印制：訾　敬

出版发行：北京时代华文书局 http://www.bjsdsj.com.cn
　　　　　北京市东城区安定门外大街 138 号皇城国际大厦 A 座 8 层
　　　　　邮编：100011　电话：010-64263661　64261528

印　　刷：三河市嘉科万达彩色印刷有限公司
开　　本：880 mm×1230 mm　1/32　　成品尺寸：145 mm×210 mm
印　　张：7.75　　　　　　　　　　　字　　数：162 千字
版　　次：2024 年 5 月第 1 版　　　　印　　次：2024 年 5 月第 1 次印刷
定　　价：39.80 元

版权所有，侵权必究
本书如有印刷、装订等质量问题，本社负责调换，电话：010-64267955。